ホテルの力

チームが輝く魔法の経営

THE STRENGTH OF A HOTEL

Magical Management to Make the Team Shine

はじめまして。チャールズ・D・ベスフォードです。
そしてようこそ、東京ディズニーシー・ファンタジースプリングスホテルへ。
わたしたちの新しい自信作、その世界をたっぷりとご堪能ください。

ホテルのグランドロビーに入ると、圧倒的な美しさのグランパラディ・ラウンジがみなさんをお迎えします。

ローズコート（中庭）には、ディズニー映画『美女と野獣』をモチーフとした魔法の泉が。よくご覧いただくと、ルミエールとコグスワースもいますよ。

東京ディズニーシーのファンタジースプリングス側からのホテルの外観。木立の先にホテルが現れます。ライトアップされた姿も見事です。

美しい白い扉の向こうがグランドシャトー。日本のディズニーホテルとしては
初のラグジュアリータイプのホテルです（第１章参照）。

チェックインのお手続きなどを行うグランドシャトー・ラウンジ（レセプション）では、ゆったりとした空間でおくつろぎいただけます。

グランドシャトーのレストラン「ラ・リベリュール」。日本のディズニーホテルでは初めてのフレンチダイニングです。

「One Team」の精神で働くことの楽しさとやりがいを日々感じています。リーダーの仕事は「部下が輝く舞台」を用意すること。キャストのみなさんとの会話を大切にしています（第2章参照）。

当社のブランドロゴは、ステージの緞帳《どんちょう》をデザイン。すべてのお客さま（ゲスト）にかけがえのない想い出をつくっていただくために、従業員は演者（キャスト）となってステージにあがります。

日本で開業した6つのディズニーホテルすべてを指揮してきました。完成したばかりの東京ディズニーシー・ファンタジースプリングスホテルのグランドロビーに立つと、深い感慨を覚えます。

仕事でもプライベートでも、手書きでノートを取っています。
その数、すでに数十冊。本書では、わたしの考える「ホテルの力」について、
このノートに綴ってきた想いを踏まえながら、お話しできればと思っています。

はじめに

世界でもここまで美しいロビーはないのでは――。

工事中のホテルのロビーラウンジに歩み入り、わたしは自然と感嘆の声をもらしていました。

白と紫が基調となった空間。ドーム型の高い天井には、青い空の景色に、美しく輝く雲がたなびいています。そして、空間を縦に貫く柱から垂《しだ》れ咲くたくさんの藤の花。空間全体を彩る豊かな花々。そのなかには、鳥や昆虫、動物たちが可憐に装飾されています。

壮麗な空間に一人きり。時間を忘れて立ち尽くし、その美しさを堪能して、わたしはこう思いました。

「マスターピースを得たのかもしれない」。

自己紹介が遅れました。

みなさん、はじめまして。ミリアルリゾートホテルズ代表取締役社長のチャールズ・D・ベスフォードと申します。イギリス人の父、カナダ人の母のもと、日本で生まれたわたしは、これまで50年近くにわたって、ホテル業界に身を置いてきました。ホテリエ人生の出発点は、日本でも有名な外資系ホテル、現在のヒルトン・ホテルズ&リゾーツ。ここで東京、マニラ、ソウル、大阪そして舞浜とキャリアを重ねたあと、副総支配人としてウェスティンホテル大阪の開業に参画。最終的には総支配人として開業を迎えました。そして、1996年に東京ディズニーリゾートを運営するオリエンタルランドに移り、それ以降、日本のディズニーブランドのホテルを一から立ち上げてきました。

現在では、日本で6つのディズニーホテルを筆頭としたホテル事業を運営する、ミリアルリゾートホテルズの代表を務めています。

冒頭で語ったのは、2024年6月6日に開業した、東京ディズニーリゾートでもっとも新しいディズニーホテル「東京ディズニーシー・ファンタジースプリングスホテル」のことです。

ロビーラウンジ「グランパラディ・ラウンジ」は、ホテルの中央に位置するグランドロビーにあります。ここは、ファンタジースプリングスエリアの世界をもっともよく表した芸術的な空間になっています。

わたしは、ディズニーホテル以外で４つのホテルの開業を経験し、オリエンタルランドに移ってからは５つのホテルを立ち上げてきました。

そして、６つめのファンタジースプリングスホテルの開業は、人生のなかでももっとも感慨深い出来事でした。わたしの約50年のホテリエとしての経験と、理想が形になった瞬間だったからです。

ファンタジースプリングスホテルは、世界に誇れる、トップクラスの美しさと没入体験を提供できるホテルだと思っています。

ファンタジースプリングスホテルが完成して、わたしは「マスターピース」を得た気持ちになりました。「マスターピース」というのは、卒業論文のようなもの。職人見習いが一人前の職人としてみんなに認めてもらうため、最終試験のつもりで制作する作品を指します。

つまり、わたしはこれでやっとホテリエとして、ホテルをつくる人間として、一人前になれたような気がしているのです。

本書では、わたしのささやかな経験とディズニーホテルでの取り組みを中心に、気持ち良く働くことと、リーダーとして、経営者として、スタッフに気持ち良く働いてもらうことについての考えを書いています。そしてまた、日本が世界に誇る最大の観光資源「おもてなし」についても、私見を述べさせていただきました。

ホテル業界での事例がベースとなっていますが、働く人ならだれもが参考にできるような内容を心がけました。

第1章では、わたしたちディズニーホテルが提供するサービスの全貌を、たっぷりとご紹介しています。ホテルへのこだわりや想いを込めました。

第2章では、そうしたサービスを支える秘密として、ホテルの裏側がどうなっているのかをお話しします。わたしのようなリーダーの役割は「部下が働きやすい環境を整えること」だという主張を展開しています。

第3章では、もう50年に及ぼうかというホテリエとしてのわたしのキャリアを振り返りつつ、ディズニーホテルで学んだ大切なことや、ディズニーホテルに関わったことで生まれた自分の変化を語りました。

第4章では、ホテル経営についてのわたしのポリシーや考え方についてまとめました。一人のホテリエとして成長するのに必要な要素でもあり、ホテルビジネスを成功させるために欠かせない要素が詰まっています。

第5章では、ホテリエとしてのわたしの目からみた、日本が観光立国として成長するために必要だと考えていることをまとめました。

これまでわたしが経験してきたことや考え続けてきたことが、すこしでもみなさんの明日に役立てば、著者としてこんなにうれしいことはありません。

それが、わたしが生まれ育ち、ホテリエとしての基盤を培《つちか》ってくれた、大好きな日本への恩返しだと思っています。

チャールズ・D・ベスフォード

目次

Contents

第2章 Part 2

リーダーの仕事は「部下が輝く舞台」を用意すること

第3章
Part 3

わたしはなぜディズニーホテルを選んだのか

第4章
Part 4

成功するホテル経営に必要な2つの目線

第5章
Part 5

ホテリエから見る日本の可能性

第1章

Part 1

すべての瞬間を、
かけがえのない想い出に——

ディズニーの世界に泊まる喜び

わたしたちミリアルリゾートホテルズは、日本でディズニーホテルを運営しています。宿泊するお客さまのほとんどは、東京ディズニーランドや東京ディズニーシー（両方を総称してパークと呼びます）を訪れるゲストです。そんなわたしたちのホテルは、当然ながら東京ディズニーリゾート、ひいてはアメリカのディズニー本社（ウォルト・ディズニー・カンパニー）の考え方に基づいて設計され、運営されています。

それは、ディズニーの創業者であるウォルト・ディズニーからはじまって、日本のパーク運営、そしてホテル運営へと受け継がれてきた、「ディズニー・マインド」と呼べる独自の哲学です。

そんなディズニー・マインドをベースにして、わたしたちはどのような考え方で、どんなサービスを提供しているのか。ゲスト（ディズニーではお客さまのことをそう呼びます）の方々はここになにを求め、わたしたちはどうお応えしているのか。

第1章では、わたしたちがゲストのみなさんに提供する夢と魔法のおもてなしについてご紹介していきます。

ミリアルリゾートホテルズでは、現在5つのディズニーホテルを経営、運営し、グループ会社のブライトンコーポレーションでは、京都ブライトンホテルなど3つのホテルのほか、東京ディズニーセレブレーションホテルの経営、運営を行っています。

なかでも、建設設計から運営までのすべてを担っている左記6つのディズニーホテルが、わたしたちの基幹事業にあたります。

・ディズニーアンバサダーホテル（以下「アンバサダーホテル」）
・東京ディズニーシー・ホテルミラコスタ（以下「ホテルミラコスタ」）
・東京ディズニーランドホテル（以下「ディズニーランドホテル」）
・東京ディズニーセレブレーションホテル（以下「セレブレーションホテル」）
・東京ディズニーリゾート・トイ・ストーリーホテル（以下「トイ・ストーリーホテル」）

・東京ディズニーシー・ファンタジースプリングスホテル（以下「ファンタジースプリングスホテル」）

6つのホテルは、それぞれにまったく異なるコンセプトで建てられ、別々の役割を担う一方、すべてを貫く大切な思いもあります。

それは、**「ディズニーの世界」を踏襲したホテルであること。**

パークでたっぷりと遊んだあとも、ディズニーホテルに宿泊すれば、ディズニーの魔法が解けることなく、非日常の特別な体験が続いていく。そんなホテルづくりを目指し、さまざまなサービスを提供しています。

では、「ディズニーの世界」とは、どんなものなのでしょうか？

ホテルでは、どのようにして「ディズニーの世界」を体現しているのでしょうか？

パークでかけられたディズニーの魔法が解けないように、わたしたちホテルが取り組んでいる工夫についてお話ししましょう。

魔法が解けない空間その①　テーマ性の追求

最初は、魔法が解けないための「空間」づくりについてお話しします。キーワードは３つ。「テーマ性の追求」と「子ども目線の遊び心」、そして「すべてのファミリーのために」です。

みなさんご承知のように、東京ディズニーランドは「夢と魔法の王国」と呼ばれています。

シンデレラ城をはじめとする、映画のなかに入り込んだかのような空間。ミッキーマウスやミニーマウスといった魅力的なディズニーのキャラクターたち。そして、スリリングなアトラクションに、豪華なパレードやショー。

敷地内は、ゴミひとつ落ちていない清潔さで、いつでも青々とした芝生が生い茂り、色とりどりの花々が美しく咲いています。

そして、元気な笑顔で歓迎し、一生懸命ゲストをもてなしてくれるキャストがいる。

ここまで世界が完成されているからこそ、訪れたゲストのみなさんに「いまディズニーの世界にいる！」「映画の世界にやってきたんだ！」と感じていただけます。ミッキーマウスやミニーマウスがいるから、シンデレラ城があるから、というだけで「夢と魔法の王国」は実現しません。

ホテルについても同じことが言えます。

せっかくパークで存分に味わったディズニーの魔法が解けないようわたしたちのホテルもまた、「その世界」を体現していなければならないのです。

そのために**必要なのは、「テーマ性の追求」。**

たとえば、ディズニー&ピクサー映画のテーマ性をもっともわかりやすい形で追求した、トイ・ストーリーホテルをご紹介しましょう。

トイ・ストーリーホテルのゲストは「おもちゃ」

実は、トイ・ストーリーホテルにはこんなバックグラウンドストーリーがあります。

映画『トイ・ストーリー』シリーズのアンディは、ある日、自分の家の裏庭に、おもちゃたちが滞在できるホテルをつくることにしました。ところが、アンディはホテルを完成させる前に、ママに呼ばれて裏庭を離れてしまいます。

そこで、ウッディやバズ・ライトイヤーをはじめとするおもちゃたちは、アンディに代わってホテルを完成させ、世界中の「名誉おもちゃ」たちが泊まれるホテルをオープンさせたのです――。

つまり、このホテルを訪れるゲストのみなさんは、世界中からやってきた「名誉おもちゃ」なんですね。

ということは、**わたしたちホテルの役目は、ゲストのみなさんに「自分がおもちゃになったような体験」を提供すること。それがかなう空間をつくること**です。

さっそく、ホテルの敷地に入ってみましょう。

まず見えてくるのは、おもちゃたちがカラフルな四角い積み木を積み上げてつくったホテルの外観。大きな太陽と白い雲、にぎやかな街並みが表現されています。

そして、エントランス正面の広場（スリンキー・ドッグパーク）では、約4メートルのバズ・ライトイヤーとジェシーがゲストのみなさんをお出迎えしているようです。

ロビーに入ると、まるでおもちゃ箱のなかのようなカラフルな景色です。床を見れば、大きなパズルのピースがあり、そして天井を見上げれば、ボードゲームの盤面が広がっています。さらに壁面では、レーシングカートがレース中。

お部屋に入る前にいくらでも時間を使ってしまいそうですが、本番はここから。客室フロアにあがってみましょう。

客室廊下には、バズやウッディ、レックスたちの足跡が。みんなの足取りをたどり、いよいよ客室のドアを開けると……。

そこは、『トイ・ストーリー』のアンディの部屋そのもの！　青空に白い雲が浮かぶ、あの壁紙です。

カーテンの星柄、おもちゃ風の家具、バスルームで熱唱するウィージー、オリジナルデザインのルームアメニティーと、客室内も『トイ・ストーリー』の世界を表すもので溢れています。

このように、ホテルに滞在しているあいだずっと『トイ・ストーリー』の世界のなかにいて、自分もおもちゃの一員になったかのような気分にさせてくれるのがトイ・ストーリーホテルです。

とくに、わたしのお気に入りはエレベーターホール。館内に２ヵ所設けられたエレベーターは、それぞれウッディとバズのモチーフがデザインされていて、乗り込むと２人の声で案内してくれます（どんな言葉をかけてくれるのかは、乗ってからのお楽しみ！）。

テーマ性とはなにか

そんな特別な「おもちゃ体験」をお届けするトイ・ストーリーホテルを筆頭に、ディズニーホテルでは、「テーマ性」を大切にした空間づくりを徹底しています。

では、「テーマ性」とは、具体的にどのようなものなのでしょうか？

わたしが、ディズニーの語る「テーマ性」を真に理解したのは、フロリダにあるディズニー・ウィルダネス・ロッジに宿泊したときのことでした。

いまから25年ほど前、東京ディズニーリゾート初のディズニーホテルとなるアンバサダーホテルの建設準備期間中で、フロリダのウォルト・ディズニー・ワールド・リゾートにある代表的なホテルを視察して回っていました。

まず、ディズニー・グランド・フロリディアン・リゾート＆スパに宿泊しました。グランド・フロリディアンは、20世紀初頭のフロリダの豪華なホテルを再現したホテルです。一年中暖かいフロリダの気候をそのまま活かした、リゾート感溢れる雰囲気で、赤い屋根に真っ白の外壁が印象的なホテルでした。

続いて泊まったのが、湖を挟んで反対側に建つ、ディズニー・ウィルダネス・ロッジです。

まず外観の印象から、グランド・フロリディアンとのちがいは明らかでした。ウィルダネス・ロッジは、アメリカ北西部（フロリダのある南東部とは真反対です）の自然豊かな地域をテーマにしており、赤茶色の大きな石造物と流れる滝が、大自然のなかを思わせる外観です。

驚いたのは、ホテルエントランスに向かう途中、ふわっと、松の香りがしたのです。さらにロビーに入ると、ごうごうと暖炉の火が燃えています。自分が南国フロリダにいることをすっかり忘れてしまいそうになる、まるで北アメリカの山岳ロッジそのものの、すばらしい空間でした。

２つのホテルはマジックキングダム・パークのためのホテルで、すぐ近くに建つホテルです。それにもかかわらず、広がっていたのはまったくの別世界、まったく異なる宿泊体験でした。

ここでわたしは「ディズニーの求める『テーマ性』とはこういうことなのだ」と理解しました。

一般的なホテルだったら「美しい湖畔の景色をどう活かそう?」「フロリダらしさをどう出していこう?」と考えるところでしょう。しかし、**ディズニーの世界は、現実の時代や地域に制限されていません。**ゲストに届けたい「テーマ」をとことんまで追求し、具現化することが求められるのです。

細部の細部までこだわりを尽くし、どんなアイデアに対しても「ありえない」と諦めることのない、ディズニー社の信念が、トイ・ストーリーホテルのような高い没入感を得られる空間を生み出しているのです。

敷地内に足を踏み入れた瞬間から、ベッドで眠りにつくとき、レストランで食事をするとき、トイレに行くときも、ゲストのみなさんがホテルのテーマ性を見失うことはありません。

そのこだわりは、一度でもわたしたちのホテルを訪れていただければ、きっと感じていただけることでしょう。

魔法が解けない空間づくりその② 子ども目線の遊び心

魔法が解けない空間づくりに欠かせない、第2の要素は「子ども目線の遊び心」です。

ディズニーのパーク内には、遊び心がふんだんにちりばめられています。

その代表的なものが「隠れミッキー」です。隠れミッキーとは、ディズニーパークのなかにあるミッキーを模したマークのことです。

丸を３つ並べてミッキーの顔と耳を表現した「ミッキーシェイプ」が主なものですが、ときにはミッキーの顔が詳細に施されていたり、全身のシェイプが表されていたりすることもあります。パークでは「隠れミッキーあったよ！」と発見を喜ぶゲストの声があちこちで聞かれます。

隠れミッキーは東京に限らず世界中のパークに存在していて、海外では「ヒドゥン・ミッキー」と呼ばれています。

アトラクションだけではなく、パーク内のいたるところに楽しい仕掛けをつくり、笑顔になってもらいたい。隠れミッキーの存在は、そんなディズニー・マインドの表れなのです。

ディズニーホテルのなかにも、たくさんの隠れミッキーがいます。とくに有名なのが、ホテルミラコスタのロビーにある巨大な天井画。８つの絵画があるうち７つに隠れミッキーが入っています。そのほか、廊下に飾られたアートや、階段の手すり、ランプ、客室のなかなど、各ホテルで必ず隠れミッキーを見つけることができます。

こうした隠れミッキーには、簡単に見つけられる大きなサイズのものから、上階にあがらないと見えない位置にあるもの、「絶対見つけられないよ！」とお手上げになるくらい小さなものまで、その難易度は実に多様です。

その背景には、小さなお子さんに発見の楽しみを味わってほしいという思いと、すこし大きくなったお子さんや大人の方にも夢中になって探していただきたいといった思いが込められています。

もうひとつ、ホテルの楽しい仕掛けをご紹介しましょう。

ホテルの館内はとても広いので、ところによっては長い廊下を移動していただくことになります。そのような場所では、小さなお子さんがお部屋へ向かう途中でも楽しんでもらえるような仕掛けを施しています。

廊下のミューラル（壁紙）の低い位置、ちょうど小さなお子さんの目に入る場所にワンポイントでキャラクターを入れているのです。

子どもたちは「発見」を喜ぶもの。このミューラルがあることで、飽きずに館内歩きを楽しんでもらえるようになっています。

また、低い位置にあることは、お子さんの目に入りやすいだけでなく、ホテルのエレガントな雰囲気を損なわないという狙いもあります。たとえば、ヴィクトリア調様式のデザインで統一されたディズニーランドホテルのテーマ性は崩さずに、ワンポイントの「お楽しみ」を散らしているわけです。

このように、子ども目線で仕掛けている「お楽しみ」ですが、もちろん子どもたちだけのものではありません。

たとえば、わたしは仕事でホテルを訪れたビジネスパーソンとお話しする機会も数多くあります。そこで、隠れミッキーのことや、ちょっとしたディズニーの豆知識をお話しすると、「孫に自慢できます」「帰ったらすぐ娘と息子に話しますね」ととても喜ばれるのです。

そうやってご家族のコミュニケーションのきっかけになるのも「お楽しみ」の持つパワー。実際にホテルのなかで、お子さんがお父さんに「こっちにチップとデールがいたよ！」と教えてあげていたり、ご家族がクイズ形式で隠れミッキーを探していたりする様子もよくお見かけします。

一方で、こうした話を聞いて「気がつかなかったなあ」と思ったり、「限られた滞在でなにを楽しもうか……」と悩まれる方もいらっしゃるようです。たしかに「せっかくパークやホテルを訪れたのなら、ディズニーの世界を味わい尽くしたい！」と思う気持ちはよくわかります。

ですが、それでいいのです。**わたしたちは一度来ただけで「お楽しみ」が終わらないように、たくさんの工夫を凝らしているの**ですから。

何度見ても感心できるほど丁寧につくり込まれた空間に、ゲストを決して飽きさせない遊び心がちりばめられているのが、ディズニーの世界です。

二度、三度とくり返し訪れて、いろんな楽しみ方を見つけられる場所。それがウォルトの目指した姿だったのではないでしょうか。

魔法が解けない空間その③　すべてのファミリーのために

みなさんは、ウォルトがディズニーランドの構想を思いついたきっかけをご存じでしょうか？

ウォルトは２人の娘とよく大きな公園に遊びに行っていたそうです。大好きな回転木馬に乗る娘たちを、いつものようにベンチに座って眺めていたときのこと。ふとウォルトの頭のなかに「なぜ大人も一緒に遊べないんだ？」と素朴な疑問が浮かんできました。そこから、「大人も子どもも一緒に楽しむことができる場所が必要だ！」とディズニーランドをつくることを思い立ったのです。

家族が一緒に楽しめる場所――。それがディズニーランドの原点です。

ディズニーのテーマパークは「あらゆる世代の人々が一緒になって楽しむことができる〝ファミリー・エンターテイメント〟を実現したい」という思いを基本コンセプトとしています。

日本のディズニーホテルでも、メインターゲットは「ファミリー」だと定めています。そのため、ほかのホテルと異なるこだわりがいくつもあります。たとえば、レストランにある幼児用のハイチェア。一般的なホテルレストランでは数脚程度が用意されているものですが、ディズニーホテルでは必ずまとまった数を用意していますし、ベビーカー置き場も確保しています。

バスとトイレが別になっているのもファミリーにとってうれしいポイントでしょう。一般的なホテルでは、バストイレ共同のつくりがスタンダードです。これは客室のスペースをすこしでも有効活用したい、というホテル側の事情も含まれています。

1人での宿泊ではそれでも問題ないかもしれませんが、わたしたちのターゲットであるファミリーの宿泊にはそぐわないこともあります。家族みんなの支度ができたら、レストランで朝食をとって、早くパークに行きたい……。みなさん、そう思っているはずです。

それを考えると、朝の準備になるべく時間がかからないレイアウトこそが、「パークのためのホテル」にふさわしいと思いませんか。

家族での滞在はもちろん、お友だち同士の滞在でも、効率的にお部屋を使っていただくために、**バストイレ別のつくりは、実は大切なポイント**なのです。

レストランやバスルーム以上に明確に、ターゲットがファミリーであることが表れているのが、客室のベッド数です。ディズニーホテルでは、「こんなベッドがほしい」と考えて、「トランドルベッド」や「アルコーヴベッド」を導入し、大人3名から4名で泊まれるお部屋がスタンダードになっています。

トランドルベッドを導入したのは、いちばんはじめのアンバサダーホテルから。これは当時、わたしが強くこだわった点でした。その理由は、あるホテルでの経験があったからです。


1986～1988年にかけて、東京ディズニーランドの周辺には4つのオフィシャルホテルが開業しました。

オフィシャルホテルとは、東京ディズニーリゾート内にあるホテルのことで、ディズニーブランドのホテルではありませんが、ホテル内でパークチケットが購入できるなどの宿泊者特典が受けられるホテルです。

それまで、東京ディズニーランドと言えば、関東圏の人たちが日帰りで遊びに来るテーマパークだったのですが、結果として計6つのホテルが建ち揃ったことで、一気に地方からのゲストが急増。「ホテルに泊まってディズニーランドを楽しむ」ことは大きな流行となりました。

わたしは、このオフィシャルホテルのうちのひとつ、東京ベイヒルトン（現・ヒルトン東京ベイ）に1988年、料飲部長として着任しました。

当時、一般的なホテルではベッドが2台のお部屋が基本でした。ですから、もし家族3人で宿泊したい場合は、予約時に「エキストラベッドを用意してもらえますか？」とホテルへ確認してベッドを確保し、宿泊時にはハウスキーピングの担当者にベッドを運び入れてもらう必要がありました。さらに、ホテル内のエキストラベッドの数にも限りがあったため、なかなか3人での宿泊ができないというのが実情だったようです。

一方、ヒルトンには開業当時からソファベッドが設置されていました。そのため、ほとんど手間なくすんなりと3人で宿泊することができました。

これが予想外の反響で多くの予約が集まったのです。

この経験を肌で感じていたので、アンバサダーホテルをつくる際にも、「必ず各部屋に3つのベッドを用意したい」と考えていました。わたしたちのディズニーホテルに泊まるのは、パークに遊びに来るファミリー。カップルより3人での宿泊が多くなるのは明らかです。

とはいえ、ヒルトンのようにソファベッドを導入するのには問題がありました。そもそもソファベッドはメインベッドと寝心地が異なります。たとえ良い素材を使ったとしても、ベッドマットレスには到底及ばないと感じていました。

３つめのベッドを用意するとなれば、お部屋がベッドだらけになってしまい、荷物を広げて整理することもできず、使い勝手が悪くなります。

これらの問題を解決するために導入したのが「トランドルベッド」です。

トランドルベッドとは、メインのベッドの下に設置しているすこし小さいサイズのベッドのことです。メインベッドと同じ厚み、同質の素材で、変わらない寝心地を目指しました。従業員を呼ばずとも、お客さま自身がパッと引き出して使うことができます。必要のないときにはベッドの下にしまっておけるので、見た目にもスマートで、朝の支度時間にはお部屋をフルに使えます。

２つめのディズニーホテルであるホテルミラコスタでも、このトランドルベッドを導入したのですが、次第に「３人ではなく、４人でも泊まりたい」というご要望も多くいただくようになりました。

そこで、3番目のディズニーランドホテルでは、約4割の客室でアルコーヴベッドを導入しています。

アルコーヴベッドとは、室内の壁のくぼみ（アルコーヴ）につくりつけたベッドのことです。すこし狭いベッドスペースではありますが、非日常感が味わえることもあってか、「ここで寝たい！」とおっしゃるお子さんも多いようです。

トランドルベッドに加え、アルコーヴベッドも導入したことによって、現在では多くのお部屋で大人4名でご宿泊いただけるようになっています。

ゲストのなかには、一度二度とデートで訪れて、ご結婚後にお子さんを連れて家族旅行で来るようになって、いまでは孫と一緒に来ている……、など、3世代でディズニーを楽しむご家族もいらっしゃいます。そんなふうに、ご家族のなかで脈々とディズニーホテルでの想い出が受け継がれていることを感じるのは、わたしにとってなによりうれしい瞬間です。

日本流のディズニー・マインドを持つ

ここまでお話しした３つの内容（テーマ性の追求、子ども目線の遊び心、すべてのファミリーのために）は、いずれも「空間」づくりの話でした。言い換えるなら、ハード面の話です。

次は、ハード面よりもずっと大切な、ソフト面の話、つまり「おもてなし」の話をしていきたいと思います。


そもそも、ホテルにおいてなぜ「おもてなし」が大切なのでしょうか？

たとえば、あるレストランに行ったと想像してください。素敵な景色が見えるロケーションで、出された料理もとてもおいしいものばかりでした。

でも、店員さんは終始無愛想で、ため息が聞こえることも。しまいにはドンッと不機嫌な態度でデザートがサーブされました。

お店をあとにするとき、みなさんは「おいしいレストランだった」と思うでしょうか？「また行きたい」と思うでしょうか？

そう感じる人は、ほとんどいないはずです。料理のクオリティなんて関係なく、店員さんの態度が印象づいてしまい、「楽しい時間ではなかった」「もうあのお店には行かない」といった感想を抱くのが当然だと思います。

ホテルもそれと同じです。お客さまの目の前にいる従業員のひと言で、一日の印象が変わってしまうこともあります。

つまり、ディズニーホテルにとってもっとも重要なのは、お客さまに向き合う一人ひとりの従業員なのです。

ちなみに、**東京ディズニーリゾートでは、パークでお迎えするお客さまを「ゲスト」、働く従業員のことを「キャスト（演者）」と呼んでいます。**ここからは「ゲスト」と「キャスト」の言葉を使いましょう。どうしてそう呼ぶのかについては48ページに説明しています。

ディズニーキャストの接客において、いちばん大切なポイントは「スマイル」です。

接客業であれば笑顔は当たり前のことだろう、と思われる方は多いでしょう。どんなサービス業でも笑顔が必須なのはたしかです。ですが、本当に「当たり前」のこととして、つねに笑顔で接客ができている人がどれほどいるでしょうか？

接客業に従事する人たちも、みんな一人の人間です。体調が思わしくないことや、プライベートで悩みごとがあったときなど、どうしても笑顔が消えてしまう瞬間もあるでしょう。「当たり前」に笑顔で対応するというのは、なかなか難しいものです。

しかし東京ディズニーリゾートでは、全員が気持ちの良いスマイルで対応します。しかも、ただ口角を上げただけで目が動いていないような「つくり笑顔」はＮＧです。研修ではしっかりと笑顔についてレクチャーがありますし、キャスト同士、笑顔を確認し合っています。

もうひとつ、東京ディズニーリゾートでキャストが大切にしているものに、挨拶があります。

ディズニーキャストの挨拶の特徴にお気づきの方はいらっしゃるでしょうか？

実は、東京ディズニーリゾートでは**「いらっしゃいませ」と言わず、「こんにちは」と挨拶するのがルールになっている**のです。駐車場で車を誘導するキャストも、レストランやショップのキャストも、アトラクションのキャストも、ポップコーンを売っているキャストも、全員が「こんにちは」とゲストに声をかけます。

テーマパークはお客さまを迎え入れる場所ですから、ふつうに考えれば、最初の挨拶には「いらっしゃいませ」と言うのがふさわしい感じがします。それなのに、どうして東京ディズニーリゾートでは「こんにちは」なのか。

たとえば、あなたが知人のホームパーティーに招待されたとします。そして玄関のドアを開けると、正装した知人がうやうやしく「いらっしゃいませ」と迎え入れてくれる。丁寧な対応に感謝する気持ちもあると思いますが、ちょっと緊張したり、身構えてしまいそうな気がしませんか？

東京ディズニーリゾートは、心の底から楽しんでいただくための場所です。

また、「こんにちは」と笑顔で声をかけられると、思わず自分も笑顔になって「こんにちは」と応えたくなるものです。「こんにちは」のワンラリーを入り口にして、そのあとの会話が続きやすくなる効果もあります。

さらに、「こんにちは」の言い方にもポイントがあります。

「こんにちは。」と語尾を下げて、落ち着いたトーンで言うのはディズニーらしくありません。「こんにちはー！」と語尾を上げ、声が広がるように明るくハキハキと言うのがディズニー流。もちろん、表情は心からの笑顔が鉄則です。

日本初のディズニーホテル、アンバサダーホテルを立ち上げるにあたって、わたしたちのホテルにも、「スマイル」と「こんにちは！」を基本とした、東京ディズニーリゾートのキャスト流おもてなしが不可欠だと考えました。

次は、わたしたちがそんなディズニー流のおもてなしを身につけるまでのプロセスをお話ししましょう。

ホテルの常識ではなく、ディズニーの常識を学ぶ

そもそもホテリエとは、おもてなしを基本とする仕事なのだから、良い笑顔と元気な挨拶くらい、すでに身についていそうなものです。

でも、**経験豊かなホテリエになればなるほど、ディズニーホテルのキャストらしいふるまいを身につけるのに苦労します。**

なにを隠そう、わたし自身がそうでした。すでにそれまで20年ほどホテリエの経験

を積んだ人間でしたから。昔からのクセで思わず「いらっしゃいませ」と言ってしまうことが何度もありましたし、アンバサダーホテルを開業してすぐの頃は、周りのキャストから「ちょっと笑顔が堅いですよ」と指摘されることもありました。

どうしてホテリエとしてのおもてなしを身につけた人が、ディズニーホテルのキャストらしいおもてなしを身につけるのに苦労するのでしょうか？

それは、従来の日本のホテルで行われてきたおもてなしが、ディズニー流のそれとはまったく異なるからです。

従来的な日本のホテルというと、ピシッと礼儀正しい対応で、お客さまのご要望に静かに応える働きがすばらしいと考えられてきた世界です。伝統的な日本のホテリエは、ホテルと一体化し、必要なとき以外は存在を感じさせないようなふるまいが求められます。

ですから、ゲストに手を振るようなフレンドリーな対応は、むしろNGとされているものなのです。みなさんも、都心の高級シティホテルで「こんにちは！」とカジュアルに手を振られたら、ちょっとびっくりするのではないでしょうか。

最初のアンバサダーホテルを開業するにあたり、オープニングキャストには、ほかのホテルで働いていた中途採用者に加え、２００名程度の新卒者も採用しました。

中途採用の経験者たちには、ディズニー流の接客に切り替えてもらわなければなりません。でも、「ディズニーらしいスマイルで！」「こんにちは！　と挨拶をしましょう」と言うだけでは、簡単に接客の意識が変えられないことはご説明の通りです。

それに、ほかのホテルでの接客が染みついた先輩たちが業務を教えると、新卒者たちにも従来の堅い接客が受け継がれてしまうのではないかという懸念もありました。

いったい、どうしたら全員にディズニー流のおもてなしを身につけてもらえるのだろう？　周囲のメンバーと相談を重ね、頭をひねりました。

そこで、新卒者にまずはパークへ研修に行ってもらうことにしたのです。しかも、中途採用の先輩たちに会わせることなく。

まだホテルの業務も、社会人としてのふるまいも、なにも知らないまっさらな状態で、１ヵ月間みっちりとパークでの「カストーディアル」を経験してもらいました。

カストーディアルとは、安全で清潔な環境づくりのため、パーク内外での清掃を行うキャストのこと。レストランの案内や、パークでの写真撮影、道案内など、さまざまなゲストサービスの機会がある役割でもあります。

このとき、研修をカストーディアルに限定したのは、パーク研修では、完全にゲストとのコミュニケーションだけを学んでほしかったからです。

たとえば、ホテルで給仕のお仕事を担当する予定の人が、パーク内のレストランで研修した場合、「パークのレストランではこうしていた」と業務に対する先入観がつくられてしまうかもしれません。テーマパークとホテルでは対応が異なる部分もありますから、ホテルでの実務とディズニー流の接客は、切り離して身につけてもらいたいと考えました。

パークで働いてみると、ゲストを目の前にすることで、単に言葉で説明されるよりもずっと深いところで、ディズニー流の接客を体感することができます。この研修でみんなが「ディズニーのゲストは、こういう期待を胸にパークに来ているんだ」「ゲストの楽しさが増すようにお手伝いするのが、自分たちキャストなんだ」といった基礎的な価値観をしっかり理解してくれました。

その後、ホテルに戻って中途採用の先輩たちから、フロントやレストラン、宴会や調理といったホテルでの実務について、指導を受けてもらいました。

その指導のあいだには、新卒者側から先輩たちに対してディズニーの接客を教えるといった現象が生まれていたのも、印象的な想い出です。

開業前の準備期間に、中途採用のメンバーにも数日間のパーク研修に行ってもらったのですが、１ヵ月間学んだ新卒者側から見ると感じるところがあったのでしょう。

そうしてキャスト全員で、ディズニー流のふるまいを習得していきました。

このように、わたしたちはこれまでの日本のホテルとはちがった「ディズニーホテルでのおもてなし」をつくりあげていきました。ひとえに、キャストのみなさんの努力、そしてゲストを思う強い気持ちの賜物です。

ディズニーリゾートの行動指針「The Five Keys ～5つの鍵～」

わたしたちディズニーホテルのキャストやパークのキャストは、日々大勢のゲストと接しています。ゲストからのご要望やご相談は多岐にわたり、とても画一的なマニュアルで対応できるものではありません。

そこで、ディズニーリゾートでは全社的な行動規範を掲げ、共有しています。

行動規範のテーマは「The Five Keys ～5つの鍵～」。

これはディズニーリゾートを語るうえでは欠かせない考え方ですから、一つひとつご説明したいと思います。

○安全

「安全は私たちの最優先事項です。キャスト一人ひとりが、常に安全な環境と安全な状況を作り出し、維持する責任を担っています。」

ディズニーリゾートで楽しい想い出をつくってもらうためには、その場やサービスが安全であることが大前提です。そのため、あらゆるところに厳しく目を配ります。アトラクションは安全に運行できる状態か、提供されているフードやドリンクは衛生的で安全か、車椅子の方や杖で歩かれている方でも安全な移動ができるようになっているか。徹底した安全の確保に取り組んでいます。

また、技術的に安全な空間を生み出すだけでなく、ゲストにとって「ここは安全・安心だ」と感じられるかどうかも重要です。そのため、ディズニーキャストはゲストが安らぎを感じられる対応を心がけています。

○礼儀正しさ

「ここでいう礼儀正しさとは、ゲストもキャストも一人ひとりが特別だという理念に基づき、優しさと思いやりにあふれ、フレンドリーで相手の立場に立ったおもてなしをすることです。」

日本で言う「礼儀正しい」対応とは、礼儀作法やビジネスマナーなどをしっかりと守り、相手への敬意を示すものです。接客をするうえではとても大切な心がけです。

でも、もしもキャストがそんな日本風の「礼儀正しい」態度を取っていたらどうでしょうか？　どこか他人行儀で、むしろ冷たく感じるのではないかと思います。

だからと言って、ゲストがなれなれしすぎると感じるような、くだけすぎた対応もNGです。たとえばパーソナルスペースを無視していきなり肩を叩いたり、品のない友だち言葉で話したりする対応では、当然ディズニーリゾートでのおもてなしにふさわしくありません。すべてのゲストに対して、VIPに対応するように丁寧に接するのがディズニーリゾートのポリシーです。

つまり、礼儀正しさとは、ゲストが親しみを持てる、心地の良い礼節のことを意味します。親しみやすく、かつ相手に敬意を持って丁寧にコミュニケーションを取るのが、ディズニーキャストにふさわしい態度なのです。

○インクルージョン

「インクルージョンは〝5つの鍵〟の中核をなします。オンステージでもバックステージでも、この幸せな場所に来るすべての人が歓迎されるという明日へのビジョンを示してい

ます。私たちは、さまざまな考え方や多様な人たちを歓迎し、尊重します。」

５つのキーワードの中心にあるのが、このインクルージョンで「包括」や「包含」を意味します。

ディズニーのパークを訪れるゲストのなかには、さまざまな考え方や価値観を持つ方がいらっしゃいます。異なる言語を使う方、さまざまな宗教を信仰する方、ハンディキャップのある方、ケガをしている方、妊娠中の方、ご高齢の方、小さなお子さん、食品にアレルギーを持つ方……。

ディズニーリゾートでは、すべてのゲストのみなさんに、快適にパークをお楽しみいただけるような環境づくりを目指して、施設内でバリアフリーに対応したり、支援のツールを取り入れたり、キャストによるサポートを提供したり、食事のメニューを拡充するなどの取り組みを行っています。

○ショー

「私たちのショーと細部へのこだわり、清潔で整えられた環境の維持は、ゲストを物語に

いざない、他に類を見ない特別なテーマパーク体験となっています。こうした体験は、リアルになるよう注意深く整備されています。」

ショーを説明するには、いくつかのディズニー用語を解説しなくてはなりません。

ディズニーリゾートでは日常的にユニークな名称が使われています。

まず、パークのうちで、ゲストの目に入る空間のすべてが「オンステージ」と呼ばれています。なぜかと言うと、パークは訪れたゲストにさまざまな体験を提供するための「青空を背景とした巨大なステージ」であると考えているからです。

対して、キャストにしか見ることのできないバックヤードのエリアのことは「バックステージ」と呼んでいます。

したがって、オンステージで起きることは、すべてわたしたちのショーなのですね。パレードなどの演目だけではなく、アトラクションに乗ることも、ショップでの買い物も、キャストと話すことさえも、ディズニーが提供するショーなのです。

こうした背景から、パークでお迎えするお客さまを「ゲスト」、働く従業員のことを「キャスト（＝演者）」と呼んでいるわけです。

たとえば、ショップにシンデレラのコスチュームを着た小さなお子さんが来たとき、レジにいるキャストは、「ごきげんよう、プリンセス！」と挨拶をします。またアトラクションに並んでいるゲストの前で、水で地面にミッキーマウスなどのディズニーキャラクターの絵を描くカストーディアルもいます。

このようなふるまいは、自分の役目を単なる「レジ業務」や「清掃業務」だと考えていればできない発想です。**「どんな業務を行っていても、自分はステージに立つ〝キャスト〟なんだ」という思いがあるからこそ、ディズニーキャストとしてふさわしい対応ができる**のです。

○効率

「コストを最小限に抑え、待ち時間を短縮し、ゲストに最高の価値を提供することによって、素晴らしい体験を可能にします。また、常によりよいサービスを追求するため、様々な視点を積極的に取り入れます。」

東京ディズニーリゾートには、毎日非常にたくさんのゲストが来園されます。イベント期間中や夏休み期間中などは、さらに多くのゲストがいらっしゃいます。そうなると、アトラクションやレストランにはお待ちいただく列ができてしまうことになります。

当然ながら、長い待ち時間はだれでも嫌なものです。ゲストのハピネスのために、すこしでもわかりやすく、効率的な仕組みをつくることは、キャストにとって非常に大切な問題です。

東京ディズニーリゾートでは、ユニークな効率化施策も取り入れられています。たとえば、人気アトラクションの「タワー・オブ・テラー」では、待機エリアに新聞が掲示されていたり、たくさんの美術品や写真が展示されていたりします。「ジャングルクルーズ：ワイルドライフ・エクスペディション」ではスキッパー（船長）がＤＪを務めるラジオ放送にクスッと笑いながら待つことができます。

もちろん、これで列に並ぶ時間が短縮されるわけではありません。しかし、心の時間は短くなるかもしれない。そんな思いが込められたこれらの取り組みは、ショーと効率の考えをかけ合わせた工夫だと言えるでしょう。

この行動指針があることで、キャストたちははじめて出会うトラブルを前にしても、なにに気をつけて行動すべきかがわかります。どんな状況に出会っても、臨機応変に対応することができるのです。

一期一会のさまざまな出来事が起こるパーク内で、新人キャストも、ベテランキャストも、一人も迷うことなく、ディズニーのおもてなしにふさわしい行動が取れる。その秘密は、みんなが「５つの鍵」を胸に刻んでいるからなのです。

最優先されるべきは「安全」

わたしたちのホテルでもあらゆる行動の根底に、この「The Five Keys ～５つの鍵～」の指針を持っています。

とくに、ゲストに安らぎを提供するホテルとして、安全を第一とする考えは、なによりも大切にしている点です。

運営していくなかで、安全を考慮して変更を重ねていった例で言えば、ホテルミラコスタの客室の窓があります。

ホテルミラコスタは、東京ディズニーシーと一体型になったホテル。パークが見えるお部屋もあります。オープン当初は外の空気を入れたり、パークの音を楽しんでもらうために、頭が通らない程度の基準値までは窓が開く仕様にしていました。

しかし、ものを落としてしまったりする事例があり、だんだんと窓を開けられる範囲を狭くしていきました。いまでは紙が一枚通るくらいしか開かなくなりました。

ほかにも、ホテルミラコスタのバスルームの床を、滑りにくいものに加工したり、ナイトスタンドの角をなくしたり、家具の取っ手に指が挟まれないような工夫をしています。家具の隙間に挟むことのないよう、お子さんの足指を守るため前開きタイプのスリッパを廃止したり、客室内の調度品やアメニティーもぬかりなく安全対策を行っています。

ホテルに遊びに来たときに、もしも家族のうちの一人でもケガをしてしまったら。もしも食事をして、お腹を壊してしまったら。

せっかく楽しんでいた気持ちが一転、すごく悲しい気持ちになってしまいます。もしかすると「もう行きたくない」と思われるかもしれません。

絶対的な安全が保たれてはじめて、パークやホテルを心から楽しめる。そうして、すばらしい想い出が生まれるのです。わたしたちディズニーホテルでは、必ず安全を第一とした「The Five Keys ～5つの鍵～」の行動指針に基づいて、日々ゲストをおもてなししています。

キャラクタールームをつくる

続いて、わたしたちのホテルの特徴的なサービスを二、三ご紹介させてください。

わたしたちのホテルの特徴は、なんと言っても「ディズニー」のホテルであること。その象徴がキャラクタールームです。

現在は、アンバサダーホテルのミッキーマウスルームや、ドナルドダックルーム、ディズニーランドホテルの美女と野獣ルームなど、複数のホテルでキャラクタールームを常設しています。大好きなキャラクターと、夢のなかまで一緒にいられて、朝、目が覚めてもその世界が広がっている。そんな、ほかではありえない特別な体験ができるお部屋です。「一度は泊まってみたい！」と思うゲストは非常に多く、たいへんな人気を集めています。

ですが実は、当初、キャラクタールームをつくることに賛否両論の声があがっていました。ホテルにキャラクター色を取り入れること自体に疑問の様子でした。

「アンバサダーホテルは、１９３０年代のハリウッドがテーマ。そこにキャラクターが出てくるのは矛盾が生じるのでは」

「キャラクターにはパークで会える。ホテルのキャラクタールームは必要ないのではないか」

先にも述べた「テーマ性」への強いこだわりですね。もちろんその方針はわかるのですが、わたしは、日本初のディズニーホテルには絶対にキャラクターを取り入れるべきだと考えていました。とくにキャラクタールームは、日本のゲストには必ず喜ばれるはずだという自信もあったのです。

しばらく議論を続けた結果、「まずはドナルドダックで、プールの奥側の11部屋のみ」という条件つきで実施することになりました。

フタを開けてみれば、ドナルドダックルームには予約が殺到。大人気のお部屋になりました。それで、ミッキーマウス、ミニーマウスと続々とキャラクタールームを増やしていったのです。

常設のキャラクタールームとは別に、期間限定のイベントとして「オーバーレイルーム」もつくっています。

オーバーレイルームとは、一般のお部屋を特別にデコレーションする取り組みのこと。たとえばベッドスロー（ベッドの足元に敷く布）や、ベッドのヘッドボード、壁かけのアート、コーヒーテーブルやテレビ台などを、テーマに合ったデザインに変身させます。

オーバーレイルームをわたしがはじめて見たのは、香港ディズニーランドのハロウィーンイベントを視察した際がきっかけでした。見た瞬間、「これは絶対に日本のゲストにも喜ばれるぞ」と確信したのです。ハロウィーン期間中にハロウィーン仕様のオーバーレイルームをつくり、大人気になりました。

現在は、ハロウィーンやクリスマスといったシーズナルイベントのほか、パークで実施されるイベントと連動するなど、さまざまな企画を行っています。

キャラクターがお祝いしてくれる特別感

客室のほかに、キャラクターを取り入れている場所と言えば、レストランです。とくに、ミッキーとグリーティング（記念撮影などの触れ合いのこと）ができるアンバサダーホテルのレストラン「シェフ・ミッキー」は、高い人気を誇っています。このレストランでは、シェフの衣装に身を包んだミッキーが各テーブルをまわってくれて、一緒に記念撮影をすることができます。

それ以外のホテルレストランでも、料理のワンポイントとしてミッキーシェイプを取り入れたり、映画との連動メニューを考案したり、ディズニーのキャラクターを楽しめるサービスを心がけています。

たとえば、２００７年に、ディズニー＆ピクサー映画『レミーのおいしいレストラン』が公開されたときのこと。ホテルミラコスタのメインダイニング「オチェーアノ」では、公開記念スペシャルコースを提供しました。そのなかには、シェフハットをかたどった大きな砂糖菓子をお皿のうえに載せ、それを外すとデザートが登場する、といったおもしろいメニューがありました。キャストがみんな、大きなシェフハットを載せたお皿を運ぶ様子は、「なんだなんだ⁉」とゲストのみなさんの目を引いたものです。

このように、調理キャストたちも各々のクリエイティビティを存分に発揮して、いつも楽しいアイデアを考案してくれています。

そんな努力が実を結び、最近ではアフタヌーンティーなど、宿泊をせずとも、食事を楽しみにホテルを訪れてくださるゲストも定着してきています。

もうひとつ、日本のディズニーホテルでの特徴的な取り組みとして挙げられるのが、ウェディング事業です。

2000年にアンバサダーホテルを開業した当時は、言葉こそまだ普及していませんでしたが、少人数かつ小規模なスタイルの「地味婚」が流行の兆しを見せていた時期で、全国的にホテル業界のウェディング事業は低調な傾向にありました。

しかし、アンバサダーホテルでディズニーのウェディングプログラムを発表すると、大きな反響を呼び、想像以上のご予約をいただきました。ミッキーマウスやミニーマウスがお祝いに駆けつけてくれるという特別感が、新郎新婦の心を惹きつけたのでしょう。

スタートに合わせてたくさんの取材や報道もありましたから、あらためてホテルで結婚式を挙げることの楽しさと華やかさを周知できたのではないかと思っています。

ウェディング事業に関しては、懐かしい想い出があります。

アンバサダーホテルに併設するチャペルをデザインするにあたって、大きな課題がありました。わたしたちホテルのオープンメンバーがみんな30代から40代の男性だったことで、さらには設計図を描いてくれるデザイナーも同じでした。

「このメンバーでいまの新郎新婦に喜ばれるチャペルをつくるのは難しいだろう」と

不安に感じたわたしたちは、パークで働くキャストたちにアンケートを実施しました。

当時のウェディング雑誌からいくつかチャペルの写真を見せて、1000人ほどのキャストたちに「どのチャペルで式を挙げたいですか？」「それはどうしてですか？」と尋ねたのです。パークで働くみなさんは、自分の結婚式をリアルに思い浮かべられる年代の方々で、しかもディズニーが好きな人ばかり。これ以上の適任者はいません。

そのデータを元にデザインしてもらった結果、完成したのが、淡いピンクで彩られた、ゴシック調のロマンチックな「ローズチャペル」。教会っぽさがあまりないのも特徴です。アンケートに協力してくれたキャストたちのおかげで、「これまでにない魅力的なチャペルができたぞ」とわたしたちも自信を持って開業を迎えられました。


実は、開業してすぐはディズニーキャラクターが登場しないタイプのウェディングプランも用意していました。キャラクターが登場するプランのほうが人気は高いだろうとわかっていましたが、アンバサダーホテルのチャペルで式が挙げられる。当然、需要があるだろうと思っていたのです。

しかし、フタを開けてみれば、問い合わせさえありませんでした。キャラクターありとキャラクターなし、2つのプランが並んでいたら、前者のプランが良いと思うのは、いま思えば当たり前のことですね。

こうして自分たちの強みを学びつつ、ウェディング事業は、随時、フレッシュさを意識してプログラムを刷新し続けています。

そのおかげもあってか、人気はつねに衰えることなく、毎年たくさんのカップルに式を挙げていただいています。「ディズニーホテルで結婚式を挙げるのが、子どもの頃からの夢でした！」「大好きなミッキーがわたしたちの結婚式に参加してくれるなんて、ほかではありえないです！」と熱く語ってくださるゲストに会うことも多く、たいへんうれしく思っています。

さらに、結婚式は挙げて終わりではありません。ディズニーホテルでは、過去に挙式を行ったカップルのための「ディズニーホテル　ハッピーエバーアフター・パーティー」というプログラムを定期的に開催しています。セレモニーとお食事、撮影があり、婚礼がすくない時期を活用して開催しているのですが、抽選制になることも多いほど人気をいただいています。

結婚記念日などのご記念に式を挙げたホテルを再訪するのは、新たな想い出を積み重ねられる良い機会です。ぜひ今後もたくさんの方に喜んでいただけるプログラムを考えていきたいと思っています。

ファンタジースプリングスホテル誕生

この章の最後に、２０２４年6月に新しくオープンした、６つめのディズニーホテル「ファンタジースプリングスホテル」についてお話しさせてください。

このホテルは、長年にわたってさまざまなホテルをつくり、運営してきたわたしたちにとって新たな挑戦が詰まった革新的なホテルであり、特別なホテルだと感じています。

東京ディズニーシーに新たに拡張されて誕生した、８番目のテーマポート「ファンタジースプリングス」。そのなかにあるホテルが、ファンタジースプリングスホテルです。

新テーマポートには、『アナと雪の女王』シリーズ、『塔の上のラプンツェル』、『ピーター・パン』シリーズの3つの映画をテーマとした美しいエリアが広がります。実は、そのファンタジースプリングスの〝魔法の泉〟はホテルにもあるのです。ファンタジースプリングスホテルが生まれたストーリーをご紹介しましょう。

――昔々、はるか遠いところに、精霊の住む魔法の泉がありました。

泉の精霊は美しい庭を育むかたわら、好奇心の赴くままに水の流れに乗って旅をし、数々のファンタジーの物語に出会いました。

精霊は魔法の泉へ戻ると、魔法の力を使って泉のまわりの石や木をけずり、出会った人々に似た複雑な形をつくりだしました。そして、旅先で耳にしたいくつものメロディを口ずさみながら、水を踊らせてはしゃぎまわりました。

時は流れ、ある日、旅と冒険を愛するひとりのダッチェス（女侯爵）が、この美しい魔法の泉にやって来ました。ダッチェスが、泉から湧き出る水や川の流れをたどって進んでいくと、そこにはさまざまな物語の世界が広がっていました。

魔法の泉に魅了された彼女は、その近くに別荘を建てましたが、やがて、より多くの友人たちとこの物語の世界をわかちあうために、大きな屋敷を建てました。

いまでも、泉から流れ出る小川をたどっていけば、さまざまな物語の世界を訪れることができるでしょう。

このダッチェスが建てた別荘とお屋敷というのが、ファンタジースプリングスホテルなのです。

まずお伝えしたいのが、ファンタジースプリングスホテルの空間芸術についてです。企画段階からずっと図面デザインを見てきたわたしでさえ、はじめて実物を目にしたときには、「すごい……」と感嘆の声がもれるほど美しいと感じました。

ファンタジースプリングスホテルは、ラグジュアリータイプの「グランドシャトー」、デラックスタイプの「ファンタジーシャトー」という2つのシャトーで構成されていて、それぞれのシャトーに異なるテーマが設けられています。

ダッチェスが魔法の泉のほとりに建てた別荘を増築したのが「グランドシャトー」

です。こちらのテーマは「ストーリーブック・バロック」といって、バロック様式におとぎの話の雰囲気をミックスした、ファンタジースプリングスホテル独自のデザイン様式です。

荘厳なバロック様式をベースに、客室内も立体感のあるモールディング（帯状の装飾）や、金箔が施されたカルトゥーシュ（枠飾り）など、まるで宮殿のなかに招待されたかのような、ドラマチックな宿泊体験ができるでしょう。

グランドシャトーの増築後、より多くの友人を招くため、さらに増築したのが「ファンタジーシャトー」です。こちらには「ストーリーブック・ヌーヴォー」と言って、アール・ヌーヴォー様式におとぎ話の雰囲気をミックスした、独自のデザイン様式です。

ダッチェスがどれほど自然と泉を愛しているかがホテルのいたるところに表れています。ファンタジースプリングスの象徴である動植物や、魔法の泉のモチーフが繊細にちりばめられた館内は、時間を忘れて歩き回っていたくなる美しさ。客室にはラプンツェルなどのキャラクターや、美しい草花の装飾がふんだんに施されていて、夢見心地な世界を堪能していただけるはずです。

ファンタジースプリングスホテルの過ごし方

建物や内装といったビジュアル面だけでなく、機能的な面でも、このファンタジースプリングスホテルはこれまでにない特徴を持っています。

それは、グランドシャトーがラグジュアリータイプであること。「ラグジュアリー」の意味通り、東京ディズニーリゾートのなかでも、最上級のホテルステイをお楽しみいただけるホテルになっています。

グランドシャトーでは、ご宿泊者一組一組にグランドシャトー専属のキャストがつきます。専属のキャストは、ご来訪前にうかがったリクエストを元にパークやホテルでの過ごし方をご提案したり、レストランを手配したり、滞在中のゲストのさまざまなご要望に応える存在。パークにも詳しく、すべてのディズニーホテルについて、なんでも答えられる知識を持っています。

一般のホテルで言えば専用のコンシェルジュのように専属のキャストがつくことで、最初から最後までゲストに寄り添った、きめ細やかなおもてなしが行えるようになりました。

また、東京ディズニーリゾートのなかで、グランドシャトー宿泊者専用として、日本のディズニーホテルで初めての本格的なフランス料理を提供するフレンチダイニング「ラ・リベリュール」もオープンしました。ここにいる調理キャストは、海外のレストランや都内の星つきホテルレストランで研修を修めた実力者たち。本格的なレストランにも匹敵するクオリティのレストランだと自信を持っています。

さらに、客室も特別なホテルにふさわしいものができました。グランドシャトーはすべてのお部屋にパークに向いたバルコニーまたはテラスがついています。片廊下のつくり（廊下の片側にだけ客室のドアが並んでいるつくり）を採用していて、パークの景色を眺めながら、ゆったり過ごせる空間になっています。

グランドシャトーは、とくに3世代でご宿泊いただくのにぴったりなホテルだと思っています。たとえばこんな過ごし方はどうでしょうか？

ホテルに到着後、キャストに温かく迎えられ、ゆったりとチェックイン。

客室のバルコニーから一望できるファンタジースプリングスの景色を眺め、ホテル館内を散策しながらのんびり過ごす。

翌日の朝は家族みんなでゆっくりと、ちょっと豪華な朝食を食べる。

専用のエントランスからスムーズにパークに入り、家族全員でパークを楽しむ。

おじいちゃん、おばあちゃんが疲れてきたら、ホテルに戻りお部屋でひと休みする。

バルコニーから孫に手を振り、家族の楽しんでいる姿を見て幸せな気分に浸る。

夜になって「ラ・リベリュール」でシェフが腕を振るったすばらしいフレンチを食べながら、「パークは楽しかったね！」「アナとエルサのフローズンジャーニー、良かったね」「映画をまた観たいね」と家族みんなの会話が弾む。


これまでにない贅沢なディズニーリゾートの過ごし方が実現できる。


それが、ファンタジースプリングスホテルのグランドシャトーなのです。

ファンタジースプリングスホテルが完成したことで、わたしたちディズニーホテルにはバリュータイプからラグジュアリータイプまでのホテルができたことになります。

・バリュータイプ　セレブレーションホテル
・モデレートタイプ　トイ・ストーリーホテル
・デラックスタイプ　アンバサダーホテル、ディズニーランドホテル、ホテルミラコスタ、ファンタジースプリングスホテル（ファンタジーシャトー）
・ラグジュアリータイプ　ファンタジースプリングスホテル（グランドシャトー）

そして、その完成度に関しては、5つのディズニーホテルの開業・運営という長年の知見を結集した、すばらしいホテルになったと強く自信を持っています。

多くの関係者のみなさんのおかげで、ファンタジースプリングスホテルの完成と開業を迎え、ホテリエ人生における傑作として「マスターピース」を得たような気持ちになりました。

ホテリエとして、ようやく一人前になれたような不思議な心持ちです。

第2章

Part 2

リーダーの仕事は「部下が輝く舞台」を用意すること

ホテルと豪華客船は似ている

「ホテルの経営者や総支配人ってどんな仕事ですか？」

そう聞かれたら、わたしは「船の船長みたいな仕事です」と答えます。船というのは、小さなヨットやボートなどではなく、世界を一周するような、優雅な旅を楽しむ「豪華客船」です。

ホテルと豪華客船の似ているところはどこでしょうか？

たくさんのお客さまを迎え、おもてなしするところが共通しています。長い船旅に参加するお客さまのために、宿泊サービスを行う点は、まさにホテルと同じ機能だと言えます。

しかし、共通点は、そんなお客さまの目に映る「オンステージ」だけの話ではありません。実は、ホテルを支える従業員用の施設「バックステージ」のあり方こそ、ホテルと豪華客船はよく似ているのです。

訪れたお客さまの大切なお時間を預かり、安全を預かるわたしたちの船は、バックステージをしっかりと整備しておくことが大切なのです。それが、お客さまが楽しい想い出をつくるオンステージを支えることにもつながっています。

One Team のおもてなし

乗りものの運転について考えてみると、たとえば、自動車。車は、ドライバーが運転席に座ってハンドルを握り、アクセルを踏めば自由自在に進みますよね。

一方、豪華客船は車のように一人きりで操縦できるものではありません。船を動かすためには、実にさまざまな役割が必要になります。航路を決め、航海計画を立てる航海士。機関室でエンジンを整備する機関士。貨物の積み下ろしを担当する人、甲板に立って異常がないか見張りをする人、船員やゲストの食事をつくる料理人。そしてもちろん、乗組員全体の指揮を執る船長も必要です。

これらすべての人たちが連携してはじめて、ようやく海のうえを航海できるようになります。

同様にホテルにもたくさんの専門家がいて、それぞれが専門の仕事に従事しています。たとえば、フロント業務、ドアサービス業務（ホテルの館外でゲストのお迎えやお見送りを行う業務）、ハウスキーピング業務、レストランでの配膳や、宴会の担当者、調理人、ルームサービスの業務、施設設備の管理者など。もちろん人事や経理、広報といったバックオフィスの人員も欠かせません。

ホテルという豪華客船は、そうしたチームの集合体として動いているのです。

そして、ホテルも船と同じように連携が重要です。ハウスキーピングのスタッフが清掃したお部屋に、ベルサービスがお客さまをご案内する。ウェイターがお客さまの食事の進み具合を確認しながら、調理人がタイミングよく料理をつくる。

一見バラバラに見える仕事は、つねにつながり合っています。そのすべてが合わさることで、お客さまに「ホテルで過ごす快適な時間」を提供できるのです。

ホテルはチームワークで成り立っている。

この考え方を元に、わたしたちミリアルリゾートホテルズでは「One Team」を合い言葉にしています。

それぞれ異なる仕事に取り組んでいながらも、「One Team」でゲストに最高のサービスをお届けする。その精神には、業務の壁だけでなく、役職の隔たりや、ホテルとホテルの壁もありません。ミリアルリゾートホテルズ全体で、良いものは取り入れ合って、問題があれば協力して解決しよう、という考えを持っているのです。

では、この「One Team」で成り立つ船を前にして、船長であるわたしがなすべき仕事とはなんでしょうか？

それが、「水を育てる」ということです。

「水」を育てる

アクアリウム（熱帯魚など水生生物の飼育）の世界では、魚を育てるのではなく、まずなによりも「水」を育てることが大切だとされています。

なぜなら、どんなに栄養満点のおいしい餌を与えていても、魚が暮らす水質が悪ければ、魚が育つことはないから。たとえ、元気に泳いでいる魚がいても、水のケア

（水替え）を怠ったなら、魚はみるみるうちに弱っていくでしょう。

これとまったく同じことが仕事にも言えると思っています。

職場のリーダーが考えるべきことも、「水」にあるのです。働く人にとっての「水」とは、過ごしやすさ、働きやすさ、風通しの良さなどをはじめとした職場の「環境」。つまり、**リーダーはその人個人を育てようとする前に、職場の環境を向上させることを第一に考えるべき**なのです。

どんな人でも自分なりの能力を持っています。そして、そこには無限の可能性がある。ましてや、自分たちが「ぜひうちの会社で働いてほしい」と採用した従業員であれば、必ず、キラリと光るすばらしい力を持っているはずです。

どうすればそんな従業員の持つ力を伸ばしていくことができるのか。リーダーが手取り足取り教えていくべきなのでしょうか。

リーダーができること、それは「職場環境の整備」、それができれば十分なのです。

わたしたちの場合、とくに従業員、キャストが命です。キャストのひと言で一日の印象が変わってしまうこともあれば、「素敵なサービスに感動しました」と長くリピーターになってくださることもあります。ホテルの評価は、キャスト一人ひとりの働きにかかっています。

そんなキャストたちに、精神的なストレスやプレッシャーをかけていいはずがありません。彼ら、彼女らが気持ち良く働き、心からの笑顔でゲストをお迎えできるようにしなくてはならない。

だからリーダーは、ストレスの種となる要素をひとつずつ取り除き、綺麗な「水」をつくっていく必要があります。

わたしにとっての最大の自慢はバックステージ

キャストにとっての働きやすい環境をつくる。

ここには大きく２つのアプローチがあります。

ひとつは、働きやすい「空気」をつくること。もうひとつは、働きやすい「場」をつくることです。

豪華客船のたとえを思い出しましょうか。

豪華客船には必ず機関室があります。機関室には、メインエンジンのほか、発電機や燃料ポンプなど、たくさんの機械が集まっています。

ここにゲストが入ってくることはありません。乗組員だけが使うエリアですから、ラウンジやレストランのように、きらびやかな装飾を施したり、手をかける必要はないように思われます。

しかし、もし機関室が、狭くて不潔で、危険な場所だったとしたら。

乗組員たちは気持ち良く働いてくれるでしょうか？　安全に船を運航することができるでしょうか？

答えは明白ですね。狭くて汚い部屋など、だれでも長い時間を過ごしたくはないものです。部屋に危険なところがあれば、システムのトラブルを引き起こしたり、乗組員がケガをする可能性もある。つまり、ゲストに見えない場所だからといって、なにも考えず、なにも手をかけなくていいわけではありません。

ホテルもまったく同じです。ゲストの目に直接触れることのない、バックステージこそ、もっとも大切にしなければならない「場」なのです。

そこで、わたしが大切にしているのは、「ホテルの設計段階からチームを主導し、働きやすいホテルをつくること」です。

一般的なホテルでは、設計時には建築家やオーナーの意見が優先されます。総支配人など、運営を担当する側の声はあまり聞かれません。

そのため、客室数を最大限に確保しようと設計され、バックステージは極端に省スペース化されます。これはホテルだけでなく、どんな業種でもよくあることでしょう。可能な限り売り場面積を増やし、売り上げを生まないコスト部分は最低限にとどめたい。ビジネスとして合理的な考え方に思えます。

ですが、わたしたちが経営するディズニーホテルでは、設計段階から我々オペレーション側の意見を尊重してもらい、十分なバックステージを確保してもらっています。**バックステージが、その場を使用するキャストたちにとって、快適な空間になっているか。その点を最大限に重んじて、ホテルづくりを行っている**のです。

パーム&ファウンテンテラスホテルというホテルがありました。紆余曲折があって、結局、まったくのフリーハンドで、この土地に何をつくるかというところから考えたホテルです。

部屋の大きさ、部屋のデザイン、そしていままでもやっていたバックステージのレイアウトなど全部自分たちでつくることができました。このホテルのバックステージがいちばん理想的なレイアウトとなり、流れるように物を動かすことができるようになりました。

パーム&ファウンテンテラスホテルはとてもシンプルなホテルでした。客室タイプはほとんど同じで複雑な構造ではないので、思い通りのバックステージがつくりやすかったのです。

このホテルは2016年6月1日に「東京ディズニーセレブレーションホテル」としてリブランドしましたが、バックステージは現在もそのまま使っています。

一般的に、ホテルは一度建てたら40年、50年と使われていくものです。そして、建築も設計もやり直しのきかない作業。簡単に建て替えたり、レイアウトを変更したりすることはできません。

ですから、建設時にどれだけ「働きやすさ」を採り入れられたかが、ホテルの将来を左右する重大な鍵を握るのです。

「ディズニーホテルの自慢はなんですか？」と聞かれたら、わたしは胸を張って「バックステージです」と答えます。キャストにとって働きやすいバックステージこそが、わたしたちのあらゆるサービスを支えています。

働きやすさを一緒に追求した「田中プロ」

ホテルの建設時に「働きやすさ」を採り入れる。

このわたしのこだわりを、よりブラッシュアップしながら、具現化してくれていた存在がいます。「田中プロ」と呼ばれていた、田中勝志《たなかかつし》さんです。

「田中プロ」は技術系の設備設計士でした。空調や衛生など、施設の設備を管理する仕事です。

そして、「プロ」の称号は、わたしたちのホテルに設けている「プロフェッショナル制度」に由来します。優れた知見や技術を持つキャストたちにその道の「プロ」として、現場で存分に能力を発揮してもらう制度です。

設計まで手がける総支配人としてのわたしの仕事は、田中プロの助力なくしてありえませんでした。

新しいホテルを設計するときには、田中プロと毎月のようにアメリカのディズニー本社を訪れていました。ディズニー本社のデザイナーや建築家たちと何度もミーティングを重ね、「こんなレイアウトがいい」「ここにエレベーターを置くのがいい」と我々の条件をインプットしてもらうのです。そのミーティングを受けて、さらに田中プロが設備設計を練り上げていく。そうやって、キャストが働きやすいホテルの空間が具現化していきました。

田中プロの設計への知見と実力は、数々の専門家たちを驚かせました。本来は施工業者などが請け負う範囲の仕事でも、田中プロが描いた図面を見せると、「こちらのほうが良いですね」と採用される、ということが何度もあったのです。

田中プロが中途採用で入社したのは2000年。ホテルミラコスタの設計が完了したあとだったので、ともにつくったのはディズニーランドホテルとパーム&ファウンテンテラスホテル、トイ・ストーリーホテル、そしてファンタジースプリングスホテルの４つです。それ以外にも古いホテルのメンテナンスや他社のコンサルティング、新たなプロジェクトのための土地調査など、いろいろな仕事にともに取り組みました。

豊かな想像力で、細かいところまで寸分の隙もなくこだわり尽くす、田中プロの仕事ぶりを間近で見続けたことで、わたしもホテルづくりをより深く学ぶことができたと思っています。

「プロフェッショナル」だった田中プロですが、つねに周りに相談しながら進める互譲の精神の持ち主でもありました。

わたしとも、とても良いコンビだったと思っています。「いつか２人で事務所を開こう」なんて話していたくらいですから。

田中プロは、ファンタジースプリングスホテル建設準備期間中の２０２１年、病に倒れました。最後の最後まで図面を描いて、わたしたちをサポートしてくれていました。

彼が完成したファンタジースプリングスホテルを見ることはかないませんでしたが、２０２４年６月のオープン前にご家族を招待してホテルに宿泊していただきました。「これがお父さんがつくったホテルなんだ……」と感動されている声を聞いたときには、わたしも目頭が熱くなりました。

クリーンな職場がストレスを減らす

東京ディズニーリゾートと言えば、ゴミひとつ落ちていない美しいパークが有名です。そしてディズニーホテルでは、ゲストのみなさんの目に入るオンステージと同じくらい、バックステージも明るく清潔な状態をつねにキープしています。

ホテルに限らず、オフィスビルやショッピングビルなど、お客さまから見えないバックヤードと言えば、暗かったり、段ボールがあちこちに積みあがっているイメージがあります。

そんなバックヤードを毎日使うことを想像してみてください。出勤するたび、バックヤードに行くたびに、気分が下がると思いませんか？　臭くて汚い場所にはあまり行きたくないものです。「自分たち従業員のことはなにも考えられていないんだ」と感じて、会社へのロイヤリティ（忠誠心）は下がっていくでしょう。仕事へのモチベーションもあがるはずはありません。

一方、ディズニーホテルのバックステージはどうなっているか。

特徴的なのはゴミ置き場です。一部のディズニーホテルでは、ゴミを出すときに必ず重さを量ります。すると、自分のセクションとバーコードが記載されたラベルが出てくるので、そのラベルをゴミ袋に貼る。そして、ゴミの種別に応じて、決められた場所にゴミを出す。そんなルールになっています。

自分がどれだけのゴミを出したかが一目瞭然で、自分の出したゴミに最後まで責任を持つ仕組みです。この仕組みが導入されているため、キャストは「できるだけゴミを減らそう」「ルールを守ってゴミ出しをしよう」という意識を持っています。

また、当然ながら廊下にもものが積まれていません。キャストはつねに歩きやすく、清潔な状態のバックステージを移動しています。これは倉庫のスペースをしっかり取っていたり、棚を設置するなど十分な収納スペースをつくっているほか、入りきれないものは捨てるという意識を浸透させているからです。

いまからでもみなさんをご案内したいくらい、どのホテルも、いつ行っても完璧に綺麗なバックステージです。

2013年に京都ブライトンホテルがわたしたちのホテルグループに加わった際に、わたしたちがいちばんに手をつけたこともバックヤードの改善でした。

はじめてホテルを訪れたとき、バックヤード全体があまりにも暗くて驚きました。それに、キッチンのなかも、スタッフが通るバックヤードの動線にも、ものがたくさん積み上げられたような状態でした。

ですから、いちばんにバックヤードの改善に取りかかったのです。バックヤードの動線の床をすべて剝《は》いで、新しく摩耗に強い床材を貼り、照明をすべて変えて空間の明るさを確保。棚をつくりつけ、置き場を整理して溢れたものを片付けるなど、かなり大がかりな工事になりました。

ディズニーホテルの経営陣が入ってきて、「いったいどんなディズニー流の改革があるのだろう?」と緊張気味だったブライトンホテルのスタッフたちは、早々にバックヤードを工事しはじめたわたしたちを見て、目を丸くしていたようです。

たしかに、**バックヤードを綺麗にしてもゲストのためにはなりませんし、売り上げに直結するわけでもありません。けれども、それが回りまわってゲストのためになるのだということを、わたしたちはディズニーホテルで実証済み**なのです。迷いはありませんでした。

実際、京都ブライトンホテルでも、バックヤードを綺麗にしたことで、ぐっと働きやすくなり、さらにレベルの高いサービスを提供できるようになりました。

一般に「ストレス」と言うと、人間関係のなかで芽生えてくるもののように思われがちです。

しかし、ストレスは環境そのものによっても蓄積されていきます。そして、バックステージで溜まったストレスは、オンステージでの働きにも悪影響を与える。そんな負の循環を避けるためにも、わたしたちはバックステージの美化に努めています。

清掃専用カートにこだわる

ホテルの忙しさは稼働率に比例します。稼働率が高いホテルほど忙しく、低いホテルほど手持ち無沙汰になる。

そして、ありがたいことに、わたしたちディズニーホテルは非常に稼働率が高く、そのぶん忙しい状態が続いています。

みなさんもそうだと思いますが、過度に忙しい仕事は、大きなストレスにつながりかねません。

そこで大切になるのが、業務の効率化です。

仕事のなかから無駄を減らし、キャストたちの負担をすこしでもなくしていく。ディズニーの行動指針「The Five Keys ～5つの鍵～」にも含まれている「効率」は、キャストたちの働きやすさ向上にもつながるポイントです。

たとえば、ハウスキーピング。客室の清掃業務です。

清掃専用カートに、わたしたちならではの工夫を凝らしています。

ハウスキーピングキャストは、清掃専用カートに、シーツやタオル、シャンプーにトイレットペーパーといった必要な資材を載せて客室階に留め置きし、いくつものお部屋を清掃します。使用済みのシーツなどを回収する必要もありますから、清掃専用カートには行きも帰りも、資材がこんもり積まれ、重たくなります。

その状態で何度もステーション（資材置き場）と客室階を往復し、担当のお部屋の清掃をこなします。次に宿泊するゲストがお待ちですから、スピーディーに業務を行わなくてはなりません。

ハウスキーピング業務は、なかなかトラブルが起きやすい仕事です。各キャストが自由に資材を確保していった結果、ステーションの資材のストックにばらつきが出てしまったり、必要数が足りなくてステーションに引き返し、時間をロスしてしまったり、キャスト同士の移動が重なってエレベーターで渋滞が起きてしまったり……。

また、清掃専用カートに資材が山盛りに積まれているのは、見栄えも良くありません。たまたますれちがったゲストが「なんだかディズニーっぽくないな」と残念に感じてしまう可能性もあります。

そこで、わたしたちはアメリカのカート製造会社に委託し、システムの改善を図ることにしました。

まず、清掃専用カートは、各セクションで必要な資材がぴったり入るようにカスタマイズされたものを導入しています。引き出しのなかにしっかり資材が入りきるので、うえに資材を積み上げる必要がなく、見た目もスマートです。

そして、オペレーションシステムも大幅に改善。ホテルの図面を元に、カートに積む各アイテムの数を決めることで、効率的に無駄なく業務が完了できるという運用方法の提案を受けました。さらにオープン前には、どうやってセットアップすれば良いのかという、実際の手順まで、しっかりレクチャーを受けました。

まず、ハウスキーピングキャストは、客室階に置かれた清掃専用カートから必要な資材を取り、清掃に向かいます。そして、清掃が終わったら回収担当のキャストがすべての清掃専用カートを集め、客室階からステーションのある階まで降ろす。

降りたところにはまた別の担当者がいて、すべての清掃専用カートをステーションに運ぶ。そこにはすでに中身が準備された新しい引き出しが用意されていますから、引き出しごと交換すれば、翌日分の補充は完了です。引き出しは番号と色で区別されているため、中身を間違えることも、補充に迷うこともありません。この清掃専用カートをまた客室階まで届けて、翌日の清掃の準備が終了します。

この清掃専用カートと仕組みを使うことによって、エレベーターの渋滞が起きたり、資材を探し回ったりすることなく、効率的に短時間で客室の清掃を完了させることが可能になりました。

「3歩」の効率化にこだわる

もうひとつ、効率化のために行った施策の代表例と言えるのが、ベルサービスの改善です。ベルサービスとは、到着したゲストの荷物の預かりや、客室までのご案内を担当する仕事です。

ここでは国内のコンサルティング会社のお力を借りて、改善を行いました。まずはわたしたちが行っているベル業務の流れをすべて見てもらい、動線から、ベルデスクのレイアウトなどについてアドバイスしていただきました。たとえば、必要な情報を1ヵ所ですべて見えるようにしておけば確認の時間が短縮できるとか、必要な道具を1ヵ所にまとめて並べておくとこれだけ効率があがるだとか。非常に細かいアドバイスが続いて驚きましたが、実際にやってみると、そうした細かな改善によって、すぐにキャスト一人分くらいの業務削減がかなうのだとわかりました。

どの業界でもそうだと思いますが、ホテル業界もプロ意識の高いキャストが多く、そのぶん変化を苦手とする傾向があります。その意味でも、こうして外部から専門家を招き、客観的な意見をいただく機会はとても大切です。

先のコンサルティング会社は、ベル業務の経験はありません。でも、ホテルの「素人」だからこそ見える「無駄」があるのです。

改善にあたって大切なのは、「論より証拠」の精神です。変化に後ろ向きなキャストがいたとしても、実際に提案された方法を試してみれば、「あぁ、これだけ効率的なんだ」「これは助かるな」と実感してくれます。それは業務を知っているからこそ理解できる直感的なものだと思います。そうなると、みんな自然と提案を受け入れるようになるのです。

短縮できるルートがたったの３歩であっても、それがキャスト全員で１日５００回通る道だとすると、３歩×５００回×３６５日×40年＝２１９０万歩分のショートカットがかないます。地球を４分の１周する以上の距離にあたります。

たとえどんなに細かな改善であっても軽視せず、つねに「効率化できる場所はないか」「短縮できる部分はないか」と考え続けて、どんどん改善に取り組んでいくべきだと思うのです。

効率化の目的を見失わない

効率化を図るうえで大切なのは、目的を見失わないことです。

仮に、効率化によって、10の仕事を８の力でこなせるようになったとします。このとき、多くの組織では、「だったら12の仕事を与えよう」と考えてしまう。たくさんの量をこなすための効率化になるんですね。

しかし、わたしたちの目的は「量」ではありません。あくまでもサービスの「質」を向上させるために、さまざまな効率化策にあたっているのです。これまで10分かかっていた仕事を、8分で終わらせることができれば、そのぶん心にゆとりが生まれます。気ぜわしくなることがなく、ゆったりと、そして堂々と業務にあたることができる。それが結局、サービスの「質」を高めていくことにつながるのです。

みなさんがどこかのホテルを利用するシーンを想像してください。

このときに、フロントのキャストが、バチバチとパソコンのキーボードを打っていて、せわしない様子だったら、どう思うでしょうか？

なにか困りごとがあっても、なかなか声をかけられないかもしれませんよね。それは、「忙しそうなのに質問なんてしたら迷惑だろうか？」「忙しい時間帯に来てしまったのだろうか？」という不安が浮かんでしまうからです。

あるいは、ベルキャストが時間に追われて険しい顔をしていたとしたら。「あのキャストは不機嫌そうだったな」「不親切な態度を取られた」と感じる人もいるかもしれません。

接客の印象というのは、ほんの一瞬で決まってしまうものです。大げさに言えば、視界に入った瞬間から「この人は自分を歓迎してくれているのか」という気持ちは伝わるもの。ですから、ゲストをおもてなしするホテリエにとっては、ゲストとすれちがう一瞬一瞬が大切なのです。

業務の効率化は、早く仕事を終わらせるためのものではないし、より多くの仕事をこなすためのものでもありません。あくまでも、ゲストに心地良く過ごしていただくために、「どんなときでも余裕を持ったふるまいをすること」を目的として行うべきなのです。

また、こうして日々の業務に余裕を持つことで副次的な効果も生まれてきます。それはキャストみずからの手で新しいサービスを考える余裕が生まれる、ということです。

たとえば、トイ・ストーリーホテルで使用している「フラッグ」。ロビーでのゲストとのコミュニケーションをより良くするためのもので、ゲストはキャストと一緒にフラッグ（旗）を振ったり、一緒に記念撮影ができます。

過去にはホテルミラコスタのレセプションでハンドベルを演奏したり、ディズニーランドホテルでストリートオルガンを演奏したり、といった取り組みも行ってきました。

こうしたサービスは、マネージャーなどから「これをやってくれ」と指示したものではなく、すべてキャストたち自身による発案です。キャストたちの「ゲストを喜ばせたい」という自主的な想いから成り立っているのです。

むしろ、わたしからすれば「フロント以外からもわざわざロビーに出てくるなんて、みんな忙しいのに大丈夫なの？」と心配になるほどでした。でも、参加しているキャストたちは喜んでやっている。やはり、ゲストに会えるのがうれしいし、喜んでくださっている顔が見られるのにも格別のうれしさがあるのでしょう。もちろん、それぞれの業務にも支障をきたしていません。

また、わたしたちマネージャーから出すアイデアよりも、現場に立つキャストたちから出てくるアイデアのほうが、新鮮さがあって、ゲストのハートをつかめることが多いのも事実です。

実際、トイ・ストーリーホテルの取り組みは大好評で、「写真が撮れて良い記念になりました」「最後まで楽しく滞在できて良かったです」といったうれしい感想をいただいています。

部下を理解し、「部下が輝く舞台」を用意する

これらの取り組みは、効率化によって働く「場」を変えたことで、キャストたちの「空気」が変わり、結果として新しいサービスが生まれた好例かもしれません。

実際、わたしは現場からおもしろそうなアイデアがあがってくると、なるべくその意志を尊重するようにしています。ここでわたしがストップをかけてしまったら、それこそ「空気」が悪くなるだけですから。

キャストたちのやる気を削ぐようなマネジメントは、なにがあっても避けなくてはなりません。

一方、**組織のリーダーたちがもっとも頭を悩ませている課題と言えば、「伸び悩んでいる部下」へのアプローチではないでしょうか。**

自分はこのやり方で育った。いまや会社のエースと言えるあの社員も、同じやり方で育っていった。なのに、彼（彼女）はうまく育ってくれない。このところずっと伸び悩んでいる。

ある意味これは、当たり前の話です。あなたやほかの社員がうまくいったのは、たまたまそのやり方が合っていた、というだけの話。人にはそれぞれ個性があり、成長しやすい環境や条件があります。

ですから、自分の経験にとらわれず、一人ひとりに合った成長のプロセスを一緒に考えていく姿勢が大切になります。

では、どうやって成長を促すのか。

なかなか解決の道が見出せないときには、思い切った配置換えも効果的でしょう。もしかしたら、いまの業務が合っていないのかもしれませんし、いまのチームメンバーとうまくいっていないだけかもしれません。

実際にこれまで、わたしはちょっとした配置換えで大きく成長していったキャストをたくさん見てきました。しかもそれは、「同じフロアの別レストランに移ってもらう」という程度の小さな配置換えです。

組織では、適材適所が大切だと言われますが、本当の適材適所を見つけるのは非常に難しいことです。

しかし、**大切なのは、「どんな人にも必ず輝ける場所がある」と信じること。**そして、その人が輝ける場所をともに探し続けることです。

ひとつの場所で、ひとつの仕事だけを任せて、その人の能力を判断するようなことはぜひとも避けたいところです。水槽を変えるだけで、その人はのびのびと泳げるようになるのかもしれないのですから。

新人からベテランまで「学びの場」を提供する

前章で、わたしたちのホテルに特徴的な、東京ディズニーリゾート（パーク）と連携したキャストの研修制度をご紹介しました。

ほかにもたとえば、ホテリエとしてふさわしい日本語を身につける「日本語力研修」。海外からのゲストをお迎えするのに欠かせない「英語力研修」。そのほか「接遇マナー研修」から「バリアフリーコミュニケーションクラス」まで、多種多彩なプログラムが用意されています。これらの研修は、キャストが講師となって毎月実施され、だれでも受講できるプログラムです。

プロフェッショナルなキャストとして成長していくために、欠かすことのできないプログラムなのです。

さらに、わたしたちの特徴的な研修として「ミリアルユニバーシティ」というプログラムがあります。ここでは、さまざまな専門知識を持った管理職がみずからの専門についてレクチャーを行います。オリエンタルランドの髙野《たかの》代表取締役会長兼CEOが、当時ミリアルリゾートホテルズ代表取締役社長のときに発案されて続いているものです。

たとえば、調理キャスト経験者が肉の火入れについての専門的な知識を伝える。前職でバーテンダーをしていた人がカクテルの種類ごとに最適なグラスの形を教える。

その道のプロだけが知る、とっておきの知識を伝授するホテル内の「大学＝ユニバーシティ」です。現在の業務内容にかかわらず、その人自身が持っている知識を総動員してレクチャーする形を取っているので、ホテル業務にとらわれない幅の広い講座が実施されています。

このようなプログラムは、**新たな知識が得られるという点だけでなく、同じ職場で働く仲間へのリスペクトが生まれるメリットもあります。**専門的で、現場の人間にしか知り得ない知識を、わかりやすく生き生きと語る上司。そんな姿は、とても刺激的ですし、心から尊敬できるものでしょう。

また、ゲストサービスと調理部、経理部と宴会課など、普段関わりのすくない部署の仕事内容を知る機会はほとんどないものですが、ミリアルユニバーシティがあることで他部署の業務を知ることができます。そうするとホテルビジネス全体への理解が深まり、「ホテルの仕事っておもしろい！」と思うようになるキャストも多いのです。

それは、お互いにもっと協力し合える関係を築くことにもつながっていて、非常に良いシナジーが生まれていると感じます。

ほかにも、上海ディズニーリゾートや、ハワイのアウラニ・ディズニー・リゾート&スパ コオリナ・ハワイへの語学研修、そして調理人の場合はフランスのレストランへの研修など、海外研修へチャレンジできる制度も用意しています。

こうした外部への研修参加は、キャストの視野を広げるうえでも重要なことだと思っています。

たとえばコーヒーをサーブするという簡単な業務でも、ホテルごとに異なるルールがあったりするもの。コーヒーカップの取っ手の向きや、ティースプーンを置く位置がちがったりと、ホテルごとに正解があり、考え方があるのです。

そうした細かなポイントでも、ほかのホテルのスタイルを目の当たりにすれば、帰ってきたときに「よりうちのホテルに合うのは？」「わたしたちメンバーにとってベストな方法はなんだろう？」と考えられます。

複数の選択肢から、最適な答えを考える。これは会社全体にとって、たいへん良い影響を与えてくれるでしょう。

学ぶこと、そして成長することは、働くことの喜びそのものです。新人であってもベテランであっても、好きなだけ学んで自分の可能性を伸ばしていくことができる。自分の仕事をもっと極めていくことができる。そんな舞台を用意することもまた、リーダーに課せられた大切な役割だと思います。

「褒め合う」ことを制度化する

研修制度だけでなく、評価制度についても、世界中にあるディズニーパークやオリエンタルランド社から受け継いだユニークな取り組みがいくつもあります。

ディズニー独自の評価制度のなかで有名なのが、キャスト同士が称え合う取り組みです。東京ディズニーリゾートでは、「マジカルディズニーキャスト」や「ウォルト・ディズニー・レガシー・アワード」といった、すばらしい行動をしているキャストを表彰する制度があります。

たとえば、マジカルディズニーキャスト。わたしたちのホテルでも、毎年秋頃に期間が設けられ、キャスト同士、匿名で「〇〇さんのこうしたふるまいがすばらしかったです」「あのとき○○さんが手伝ってくれてとても助かりました」など、日々のすばらしい行動に対して賞賛や感謝のメッセージを贈ります。またそのなかから「The Five Keys ~5つの鍵~」をもっとも体現していると思うキャストに投票し、選出されるのが、マジカルディズニーキャストの称号です。

選出されたキャストは、特別な授賞式に招待され、マジカルディズニーキャストピンを授与されます。翌日からはそれをネームタグにつけて、業務にあたるようになるのです。

ピンを受け取ったキャストは、みな一様に「ピンに重みを感じる」「身が引き締まる」と言います。ピンを胸にする誇りや喜びがある一方、ピンに恥ずかしくないような接客をしようとより力が入りますし、バックステージにいるときでも、「みんなのお手本になるようなふるまいをしよう」と仕事に向かうようになるからです。また、「わたしが指導してもいいのだろうか」とどこか遠慮がちだったキャストが、自信を持って後輩たちに教えられるようにもなります。

左胸についたピンの重みは、自信、責任、誇りの重みだと言えるでしょう。

わたしたちは、この「相手のすばらしいところを見つけてメッセージを贈る」という取り組み自体が大切なものだと考えています。なかには「１００人くらいに贈っています」という猛者もいるほど、「もらえるのもうれしいけれど、仲間にメッセージを贈るのが楽しい」と毎年その季節を楽しみにしているキャストが非常に多いのです。

そうしたメッセージは現在はオンラインで集められ、自分宛のメッセージは後日ダウンロードして見ることができるので、受け取った側もクリスマスプレゼントをもらった子どものように喜んでいます。

この「仲間にメッセージを贈る」という制度が設けられていると、現場にどんな変化が起きるでしょうか。

普段から周りのメンバーの行動に目を向けるようになります。すると、自然と「あの取り組みは良かったね」「今日は助かったよ」と気軽に声をかけ合う雰囲気も生まれていきます。

このようにして、わたしたちには**「褒め合う文化」が根づいています。**褒め合う文化があることは、「もっと頑張ろう」と思えたり、「こういうふうにしたら喜んでくれるんだ」と気づけたり、個人の成長に直結するもの。さらには、人間関係を良好にしたり、職場の雰囲気を良くすることにも深くつながっています。

この「褒め合う文化」も、ディズニーから受け継がれている、大切なディズニー・マインドです。

定性的な要素を評価する

この制度で重要なポイントは、評価するのは定性的な、数値化できない要素だということです。たとえば、いちばんチェックイン作業が早いとか、いちばん多くの部屋を清掃できるとか、いちばんワインを売り上げたといった数字を見て、その成績で表彰されるのではありません。

仲間からの投票で決まるということは、「周りの仲間たちから尊敬されている」「職場に貢献している」といった人物が選ばれるということ。ですから、マジカルディズニーキャストピンは、ゲストの前には立たない、経理や人事といったバックオフィスのキャストに贈られることもあります。

定性的な要素を評価する仕組みがあることは、会社として「こういう姿勢を持った人材を求めているんだよ」というメッセージを示すことにもつながっています。

ちなみに、このマジカルディズニーキャストのメッセージは総支配人などリーダー層も記入しています。匿名なので、受け取ったキャストには差出人はわかりませんが。そのため、総支配人たちも普段から積極的に現場に立って、キャストたちの働きぶりを観察しているのです。

「トップが現場を見るなんて、プレッシャーになるのでは」と思われる人も多いでしょうが、実際は良い効果しかありません。

一生懸命に働く人であれば、良い仕事をしたときには正当な評価を受けたいものです。トップに仕事ぶりを見てもらい、褒められる機会があったなら、仕事へのモチベーションが向上するでしょう。

一方、**いちばん良くないのが、手を抜いたとき、それを本人は自覚しているにもかかわらず、現場のことをわかっていない上司が褒めてしまうこと。**そうなると「この上司はなにもわかっていないんだな」と感じ、上司への信頼や尊敬が薄れてしまいます。それを防ぐためにも、リーダー層が普段から部下たちの仕事を見て、その内容をしっかりと知っておくことは有意義なことです。

良い仕事をしたら褒められたいし、その反面、手を抜いたときにはきちんと注意してほしいもの。ですから、リーダーが現場に立ち、「みなさんの仕事ぶりをちゃんと見ていますよ」と示すことがとても大切なのです。メンバーのモチベーションにつながりますし、一緒に働いているチームなのだという連帯感を醸成することもできるでしょう。

いちばん上手な先輩の真似をしてください

ここまで、とくにお断りすることなく「ホテリエ」という言葉を使ってきました。このあたりで一度、きちんと定義をしておきましょう。

ホテリエとは、本来、ホテルの所有者や経営者を指していた言葉です。しかし、近年では、ホテルで働く人の総称として使われています。本書でも、「ホテルマン」「ホテルウーマン」と同じように、「ホテルで働く人」の代わりとして、性別を限定しない「ホテリエ」という言葉を使っています。

ホテリエの仕事には、さまざまな種類があります。一般的な企業と同じように、人事、総務、経理といったバックオフィス業務や、営業や広報の部署もあります。また、フロント業務のなかには、レセプション（フロント業務）、リザベーション（予約業務）、ゲストサービス業務には、ドアサービス、ベルサービス、ルームサービスなどの仕事があります。ほかに、ハウスキーピング業務もありますし、料飲部にはレストラン、宴会があり、調理部もあります。

そうした各部署で働く人たちのすべてを「ホテリエ」と総称するわけですが、わたしはホテリエとして一人前になるのに3年はかかるだろうと思っています。

1年目はとにかく目の前の仕事でいっぱいいっぱい。とくにわたしたちのようなホテルでは、どんどん来訪される目の前のゲストに必死になって、「なにがなんだかわからないけれど、与えられた業務をひたすらこなしていく」という日々になると思います。わからないなりに、一歩一歩業務をクリアし、できることが増えていく感覚が楽しい時期でもあります。そして2年目になると、次第に自分のやるべきことや、自分が伸ばすべきポイントが見えてくるでしょう。3年目に入ると、ようやく仕事が板についてきて、自信を持って接客ができるようになります。

ホテルを訪れるお客さまは毎日ちがう人たちです。ですからホテルでは、毎日のように新しい出来事が起こります。それらに臨機応変に対応しなくてはなりませんから、どんなに優秀な人間であっても、一朝一夕で完璧なホテリエになることはできません。

できるだけ早くホテリエとして成長するにはどうすればいいのでしょうか?

わたしがいつも新入社員のみなさんに贈っているアドバイスは、「いちばん上手な先輩の真似をしてください」ということです。これはわたし自身が新人の頃に実践したやり方でもあります。「この人だ!」と思えるお手本を一人決めて、とにかくつねにその人の行動を観察し、真似をするのです。

そうすることによって、次第にホテリエとしてのふるまいが身についていきます。

お手本となる先輩を決めるときには、「この先輩がいる場所では、いつも笑い声が聞こえてくるな」とか「この先輩にはよく顔見知りのゲストが訪ねてきているな」といった観点で選んでほしいと思います。仕事が早いとか、成績が良いといったわかりやすい観点ではなく、**抽象的だけれども「ゲストにとって良いサービスを届けている」と感じる人を選ぶべきです。**

ゲストが困っているときに困りごとを解決してくれるのが良いサービスです。そして、「かゆいところに手が届く」という慣用句がありますが、かゆくなる前に手が届くのがもっともすばらしいサービスでしょう。

逆に、たとえゲストの困りごとを解決してくれるとしても、ゲストにべったりくっついているような押しつけがましい態度は好ましくありません。

たとえば、会話においてもそうです。トークがお好みでないゲストや、次のご予定にお急ぎのゲストに対して、ほかのゲストと同じように声をかけても喜んでいただけないでしょう。

あくまでも相手の立場に立って、良い距離感を保つことが重要です。

このような、さらっとした態度で、気持ち良くゲストをお助けできるのが、良いサービスであり、理想的なホテリエのふるまいではないかと思います。

「あなたにゲストは何人いますか？」

ホテリエとして一人前になっているかどうか、そのチェックのためにわたしがよくキャストに投げかける質問があります。

それは「あなたにゲストは何人いますか？」というもの。現場に立った際や、バックステージですれちがうときなど、タイミングを見つけては、キャストたちに「あなたにゲストはできた？」と聞いています。誇りを持ってホテリエの仕事に取り組んでいる人であれば必ず、パッと何人かのゲストが思い浮かぶものです。

あなたのゲストとは、「自分に会いに来てくれている人」のことです。自分がいるから、このホテルを利用しに来てくれていると感じられる人のことです。

みなさんも、飲食店でも、美容院でも、リピートを決めるときの理由は「人」ではないでしょうか？　受けたサービスの良し悪しが大切なのはもちろんですが、それと同じくらい「人」も大切。とくに何度も通うようになるお店は、「人」を理由に選んでいるはずです。

ホテルも同様です。担当してくれたホテリエを好きになるから、くり返し利用しようと思うものです。

そして、みなさんのことを「わたしのゲストだ」と思っている相思相愛のホテリエがいれば、そのホテリエはあなたのためになんとかしようとしてくれます。良い情報をくれたり、特別なアテンドをしてくれたり、関係が持てそうな人をつないでくれたり。それが、利用者として「うまいホテルの使い方」だと思います。


ホテリエ目線でも「あなたのゲスト」について考えてみましょう。どうすればゲストは「あなたのゲスト」になってくれるのでしょうか？

たとえば、わたしが料飲部にいた頃は、いらっしゃったゲストのアレルギーや好きな食べもの、苦手なワインなどをメモしていました。そして、次にいらっしゃったときには、その記録を元に、「前回きゅうりが苦手だとおっしゃっていたので、今日はメニューから抜いております」とお伝えするのです。ほかにも、行動パターンをメモしたり、ゲスト同士の関係性を覚えたりしました。すると、「わたしのことを覚えていてくれたんですね」とみなさん非常に喜んでくださいます。

スムーズに気持ちの良い時間を過ごしていただくことが「またここに来よう」という気持ちにつながるのです。

そんなふうに、サービスを通して「この人がいれば気持ちの良い時間が過ごせる」「この人はなんでもしてくれて頼りになる」と思ってもらえたら、何度も訪れてくださるようになるでしょう。それが、わたしの言う「あなたのゲスト」です。

もちろん、一人のゲストに対して頼りになる担当のホテリエが何人いても構わないので、仲間同士でゲストを取り合う必要はありません。むしろ、そこは「One Team」の精神。ゲストに気持ち良く過ごしてもらうためのサービスなのですから、ゲストのお好みなどの情報は仲間内で共有しておいたほうが、よりスムーズに良いサービスをご提供できるはずです。

「あなたにゲスト」はできたか。「あなたのゲスト」が何人いるか。これは、わたしの思う「ホテリエとして持つべきプライド」です。

「ディズニーキャストのファン」を勲章に

以上の話は、ホテルで働くすべての人のことをイメージしたものです。ですが、わたしたちは「ディズニーのホテル」。パークを訪れるゲストのためのホテルです。ですから、一般的なホテリエとはすこしちがった理想の姿もあります。

たとえば、第１章でお話しした「礼儀正しさ」というのは、一般的なホテルのホテリエと、ディズニーホテルのホテリエのちがいでも最たる例でしょう。ディズニーホテルでは、日本風の礼儀正しくて控えめなふるまいよりも親しみやすい、ディズニーホテルらしい態度でゲストをおもてなしする必要があります。

また、「ショー」の精神もそうです。わたしたちは、パークでの楽しい想い出、「遊びの時間」を延長するためのホテルですから、楽しさを演出し、ゲストにハピネスを提供できるようなアイデアも必要になります。実際にわたしたちが行っている取り組みとしては、先にご紹介したトイ・ストーリーホテルの取り組みのほか、バスでパークから戻られた小さなお子さんたちにステッカーを配ったりするものがあります。そうやって「遊び心」を手渡すことで、「パークも楽しかったけど、ホテルも同じくらい楽しいね」と感じていただきたいと思っているのです。

さらに、ディズニーホテルで働くホテリエを見ていて、過去に働いてきたほかのホテルのホテリエとのちがいとしていちばんに感じるのは、**「キャスト自身が心から楽しんで働いていること」**です。

もちろん、どんなホテルでもやりがいを持って働くホテリエはたくさんいますが、ディズニーホテルに来るホテリエは、そもそも「ディズニーが好き」という想いを持っている人が多いのです。

実は、最初のアンバサダーホテルを立ち上げたばかりの頃は、「ディズニーが好きだというだけで、良いホテリエになれるわけじゃない」と思っていました。いま思えばずいぶん厳しい見方ですが、ホテリエの職に誇りを持って、そのたいへんさを知っていたからこそ、そう思っていたのです。

しかし、実際に「ディズニーが大好きで、ここで働きたいと思った」と語って入社したキャストは、みんな一流のホテリエに成長していきました。

たとえば、面接で「子どもの頃に『ビビディ・バビディ・ブティック』（ディズニーランドホテルに併設されたビューティーサロン）でプリンセスになる体験をして、当時のキャストさんからすごく良くしてもらったので、『自分も絶対にここで働きたい！』と思ったんです」と語ってくれたキャストがいます。彼女は、「自分の楽しかった想い出を、ほかの子どもたちにも提供したい」という強い思いがあったからこそ、いつでもお子さんたちに対してフレンドリーに楽しい接客ができるホテリエになったのだろうと思います。

このように、接客が好きでホテルを選び、ディズニーが好きでミリアルリゾートホテルズに入社したキャストたちは、大好きなディズニーに囲まれて、いつも「仕事が楽しい」と感じています。だから、仕事へのやる気も継続する。「ゲストを喜ばせたい！」「ディズニーを楽しんでほしい！」と思うから、マニュアル以上の対応ができて、ゲストに感動を与えるおもてなしが生まれる。

そうすると、「わたしのゲスト」になってくれるゲストもどんどん増えていき、ホテリエとしての実力もついていく。

ディズニーホテルでは、そんなすばらしい階段を上っているキャストが、幾人も生まれているように感じます。


みんなが楽しそうに働いているおかげで、ディズニーホテルでは「キャストが好きだから」と言って再訪してくださるゲストもたくさんいらっしゃいます。

毎年フロリダから遊びに来てくださるアメリカ人のご夫婦がいます。このご夫婦は、年2回、東京ディズニーリゾートを訪れて、ホテルミラコスタとディズニーランドホテルに1ヵ月ずつ滞在されるご常連です。長年のお付き合いになりますから、もう家族か兄弟かのように、キャストみんなで親しみを持ってお付き合いをさせてもらっています。

お二人はいつも「ディズニーのファンじゃなくて、ここのディズニーキャストのファンなの」と言ってくださるのです。

ホテルというのは、病院や役所など「必要だから行かなくてはならない」場所とちがって、行く必要性はない場所です。だれもが必ず訪れる場所でもありません。しかも、ホテルは無数に存在していますし、ゲストハウスや民泊、キャンプといったホテル以外の宿泊施設の選択肢も増えてきました。

そんな背景にもかかわらず、くり返しわたしたちのホテルを選び、訪れてくださるゲストがいる。その事実はホテリエにとっての勲章です。そこにわたしたちがホテルで働くうえでの望外の喜びがあるのです。

上、10歳ごろの著者。
左、母と。
下、全寮制の「ランシング・カレッジ」(122 p)。

第3章

Part 3

わたしはなぜディズニーホテルを選んだのか

原体験は横浜のホテル

わたしはこれまで半世紀近くにわたって、ホテル業界を歩んできました。

半世紀前の日本と言えば、ディズニーホテルが存在しなかったのはもちろん、東京ディズニーランドがなかった時代です。当然、わたしはディズニー以外のホテルからキャリアをスタートしました。

わたしはなぜ、ホテルの世界に魅せられたのか。

そこから、どんなキャリアを歩み、この仕事のおもしろさを知っていったのか。

そして、どのようにしてディズニーと出会い、ディズニーホテルの扉をノックしたのか。

この章では、わたしのホテリエ人生を駆け足でふり返りつつ、わたしがディズニーホテルを選んだ理由についてお話ししたいと思います。

1957年、わたしは神奈川県の横浜市で、3人きょうだいの末っ子として生を受けました。日本風に言えば「ハマっ子」ですね。仕事の都合で来日した両親は、日本での暮らしを存分に楽しんでいたようです。

その中心的な存在となっていたのが、横浜の老舗ホテル、ホテルニューグランドです。物心つく前から、家族でよく訪れていました。

ホテルニューグランドは、１９２７年に開業したヨーロピアンテイストのクラシックホテルです。重厚なたたずまいは、開業当時から横浜のランドマーク的存在で、過去には、ＧＨＱのマッカーサー元帥や、喜劇王チャーリー・チャップリン、野球の神様ベーブ・ルースなど、国内外のＶＩＰも数多く滞在しました。

わたしはここで、「ホテル」と出会いました。自宅とも、学校とも、デパートやスーパーマーケットともちがう、非日常の空間です。

わたしたち家族は、宿泊客としてこのホテルを利用していたわけではありませんでした。たとえば、母はホテルに入っている美容院を利用していました。そして、母がパーマを当てているあいだ、わたしは大階段やロビーでホテリエの方々に遊んでもらいました。あるいは、家族の誕生日や記念日などに、当時、本館の最上階にあったレストランで食事をいただく。いま考えても贅沢ですが、それがわたしのホテル原体験だったのです。

同業他社という垣根を越えて、ホテルニューグランドは、わたしにとって特別なホテルであり、大好きなホテルです。

「なんとかなるだろう」自信をつけたイギリス生活

横浜で13歳まで過ごしました。日本で言う小学生のあいだは、横浜にあるインターナショナルスクールに通っていたのですが、13歳からはイギリスのボーディング・スクール（全寮制の寄宿学校）へ入ることになったのです。入学したのは、イングランド南部のブライトン近くにある「ランシング・カレッジ」。兄も入学していた学校でしたので、わたしが行くことも自然な流れだったようです。

家庭やインターナショナルスクールでは英語で生活していたため、言葉の心配はありませんでした。ただ、親元を離れるのも、日本以外で暮らすのもはじめて。ホームシックにかかるわ、カルチャーショックは大きいわで、入学当初はたいへんでした。

ロンドンに着いてまず驚いたのが、水の味です。日本とはちがう独特の風味で「これはマズいな！」と思いました。イギリスの水道水は硬水で、日本の水道水は軟水です。いまにして思えば、それだけのちがいだったのかもしれませんが、直感的に「マズい！」「飲めない！」と思いました。

じゃあ牛乳はどうだ、と買ってみたら、こちらも「マズい！」。不思議なことに牛乳の味までちがうのです。「僕はなにならら飲めるんだ?!」

とんでもない場所へやってきてしまったなと愕然としました。

とはいえ、この渡英はわたしを変える大きな機会となりました。

まず、13歳でイギリスに渡ったことで、日本の同級生よりもずいぶん早く自立することができました。

国籍的には母国とは言え、実質的な異国の地で全寮制の学校に入るということは、どんなことでも一人で解決しなくてはいけません。たとえケガをしたとしても、事件に巻き込まれたとしても、親は駆けつけてくれない。

毎年夏になると、長期休暇を利用して、両親のいる日本へ「帰省」していたのですが、この旅程も一人でこなします。大荷物をパッキングして空港へ行き、約13時間も飛行機に乗る。

慣れない学校も、寄宿舎生活も、たった一人の空の旅も、はじめはとても緊張して不安を覚えました。けれど案外慣れていくものです。子どもだったおかげでしょうか。

このときに、「一人でも大丈夫」「なんでもできる」という小さな成功体験をたくさん得たことで、どんな状況を目の前にしても「なんとかなるだろう」と思える自信がついた気がします。

ホテルで働くことを決めた3つの理由

ランシング・カレッジの卒業は、17歳の時でした。進学か就職か、イギリスに残るのか日本に帰るのか。さまざまな選択肢のなかから、わたしは自然と日本のホテルで働く道を選びました。その背景には大きく3つの理由があります。

１つめは、横浜のホテルニューグランドでの想い出があったこと。ホテルニューグランドのおかげで、「ホテルは楽しいところ」だという記憶がありました。あの場にいた、かっこよくて優しいホテリエの姿に憧れていた部分もあったと思います。

２つめに、小さい頃から「おもてなし」が好きだったこと。わたしの両親は友人たちを自宅に招いて、よくホームパーティーを開いていました。おもてなしをするという行為が楽しくて、だれかに喜んでもらえるのが大好きだったこともホテルを選ぶ理由になりました。

３つめの、いちばん大きな理由は言葉のアドバンテージがあったことです。

生まれた頃から家族との日常会話は英語で、横浜のインターナショナルスクールも英語が公用語でしたから、授業でも友だち同士の会話でも英語を使っていました。もちろんイギリスでは１００％英語です。

その一方で、日本の近所の友だちと遊ぶときには日本語で話していましたし、日本で観るテレビ番組も日本語です。だから、物心がついてからずっと、自然と英語と日本語のどちらも話せるようになっていたのです。

ランシング・カレッジ卒業当時、周りはイギリス人ばかりで、日本語を話せる同級生はだれひとりいませんでした。だから「英語と日本語を話せることは、僕の特技だ！　これをうまく利用しない手はない」と思ったのです。

ホテルとは、世界中からたくさんのゲストを迎え入れる空間です。英語と日本語ができる自分だったら、日本の外資系ホテルで活躍できるのではないか。そう考えたことから、東京ヒルトンに入社を決めました。

今日だけに集中できるのが新人時代

東京ヒルトン（現：ザ・キャピトルホテル 東急）は、アメリカのヒルトンホテルズ・インターナショナル社（当時）と東急グループが契約を結んだことによって、東京都千代田区永田町に開業したホテルです。日本初の外資系ホテルでした。

わたしが入社したのは、１９７６年。もう48年も前のことです。

ここからホテリエとしてのキャリアがはじまるわけですが、「最初に配属された部署は？」という質問に、わたしはうまく答えることができません。

と言うのも、わたしはスタートからホテルにおけるほとんどすべての業務を経験したのです。２年半をかけた研修で、20以上の部署をローテーションしていきました。

最初は、食器を洗ったり磨いたり、適切に管理するスチュワードの業務からスタート。そのあと、調理スタッフとしてメインキッチン、レストランキッチンを担当。次に「ケヤキグリル」（東京ヒルトンのメインダイニングとして有名だった西洋レストランです）でウェイターを経て、そのほかのレストランや宴会での業務を担当。続いて、ハウスキーピングとフロントデスクで宿泊業務を学びました。その後、短期間でしたがシステム部にも研修に行き、そこではフロント会計システムやコンピューターの導入といった興味深い経験をしました。それから、セールス・マーケティング部門、購買部門を経て、フードの原価と販売価格を比較検討するF＆Bコントロール部門（料飲部門）を経験。最後は経理で研修を終えました。

「ホテルの研修ってそんなに充実しているの?!」と驚かれるかもしれません。こうしたホテル内のすべての業務を経験する研修プログラムは、当時の総支配人だった、リチャード・ハンデルさんがわたしのために特別につくってくれたものでした。入社時から目をかけてくださったのだと思います。

もっとも、どの業務も期間が短かったために、それぞれの分野で一人前になることはできませんでした。それでも、広く浅く、ホテルの全体像を知り、そしてその機能を知ることができて、とても有意義な2年半でした。

とくにありがたかったのは、**それぞれの部署の基本業務を知るだけでなく、各部署がどう連携しているのか、一つひとつの部署がいかに重要であるかを学べたことです。**

わたしは物事に対して「どうしてこの仕事はこうなっているのだろう？」と道理を知りたがる性格だったので、その点でも、総合的に学べるこの研修は自分にフィットしていたと思います。

たとえば、もしもフロント業務だけしか知らなかった場合、チェックインの伝票をつくったら自分の仕事は完結します。

しかし、わたしは「この伝票はどこに行くのだろう？」「このお客さまはこれからどう案内されるのだろう？」と気になってしまう性格なのです。2年半の特別プログラムでほぼすべての部署を回ったことによって、「この伝票がハウスキーピングに渡されて清掃がはじまるんだな」とか「レストランの伝票がこうやってフロントに届いているんだ」など、ホテル全体の仕組みを理解することができました。

ですから、すべての研修を終える頃には、「なるほど、ホテルってこういうふうにできているんだ！」と、ビジネス全体の流れが腹に落ちたのです。

思い返しても、この2年半はホテリエ人生のなかでもっとも楽しい期間でした。

「新人時代はできることがすくなくつまらない」「下積み期間はつらいものだ」と考える人もいますが、わたしは逆だと考えています。むしろ、**新しい仕事を覚える喜び、それによって成長する自分と出会う喜びは、新人時代がいちばん大きいでしょう。**

誤解を恐れずに言うと、現場の人間は「今日」のことだけを考えていればいい。今日、あのお客さんが喜んでくれた。今日、あの宴会がうまくいった。今日、あの作業中にミスがあった。そんな感じで、ただ「今日」のことを喜び、反省する。そして、「今日」の仕事が終わったら、仲間たちと「おつかれさま！」と乾杯する。明日のことは、明日になってから考える。

新人時代にしかできない、最高に楽しく、贅沢な働き方だと思います。

これがマネジメント層にあがっていくと、考えの単位が「今週」「今年」「今期」「3年」「5年」と延びていき、とても新人時代のような一日単位のカラッとした仕事はできなくなっていきます。

いま目の前の仕事に追われるばかりの若いみなさん。毎日忙しくてたいへんだと思いますが、その新人時代にしか味わえない喜びがあることもまた、事実なのです。思いがけず社長の立場になったいま、わたしは「今日」だけに集中できた当時の日々を懐かしく思っています。

周りを変えるのではなく「自分」が変わる

東京での2年半の研修期間を経て、フィリピンのマニラにある「ヒルトン・マニラ」に配属されることになりました。ここでは、ホテルの6つのレストランのマネージャーという立場で、料飲部長のすぐ下のポジションとして勤務することになります。

上、レストランマネージャー時代。下、東京ヒルトン研修時代のコック姿。

もちろんフィリピンには行ったこともありません。

でも、わたしはすんなり「わかりました！」と受け入れました。そう大らかにいられたのは、イギリス時代に「なんとかなる」という自信を身につけていたおかげだったと思います。

とは言え、本当に「なんとかなる」までに時間もかかりました。いざマニラに行ってみたら、スタッフの働き方が日本とはまったくちがって、最初はとまどいましたね。日本で働くスタッフは、とても真面目に働く人ばかりです。自分もそうでしたし、東京ヒルトンで働いていた同僚たちも、上司もみんなそうでした。

フィリピン人のスタッフは温厚でフレンドリーな一方で、時間を守ることに関してルーズな傾向がありました。たとえば、「あのレストランへ行って、これをお願いしてきてください」と指示しても、すぐにやってくれることはありません。ゆっくりと、ときにはほかのこともしながら行動することが一般的です。

そんな様子を見たわたしは、「指示をちゃんと聞いてくれない」と解釈してしまう。「いい加減な仕事をしている」と腹を立ててしまう。

そういうちょっとした仕事の仕方のちがいがストレスとなり、「この異文化でうまくやっていけるんだろうか」と不安を覚えました。

ヨーロッパのことわざに「壁に頭を打ちつける」という言葉があります。明らかに無理なことを成し遂げようとすることを指したフレーズです。

マニラ赴任当時のわたしは、まさに壁に頭を打ちつけるばかりの人間でした。

そもそも、ちがう国に来たのだから、価値観に隔たりがあるのは当たり前です。それなのに、「フィリピンのスタッフの考え方を変えたい！」なんて思うのは、自分の正解を押しつけているだけですよね。

そのことに気づいてからは、「変わるのは自分なんだ」「自分がこのフィリピンの文化に合わせよう」と考えるようになりました。

フィリピンの文化を受け入れて、柔軟な考え方を身につけていくと、次第にマニラで働くことも楽しくなっていったのです。

また、マニラでは、ホテリエとしての師匠になる人との出会いがありました。当時の料飲部長であったドイツ人のボルクマー・リューベルさんです。このあと、彼が東京ベイヒルトンで初代総支配人を務めるときまで、ずっと一緒に仕事をしていくことになります。その間、ホテリエとしてのふるまいや、マネジメント、ビジネス的な視点についてなど、さまざまなことを彼から学ばせていただきました。

ソウルでホテルの「オープン屋」スタート

マニラに来て約3年が経った頃、韓国のソウルに新しいヒルトンをオープンさせる、という話が伝わってきました。しかも、その副総支配人に選ばれたのは、わたしの師匠であるボルクマー・リューベルさん。

リューベルさんから「一緒に来い！」と誘っていただき、二つ返事でわたしもソウルへ移籍することになりました。のちのミレニアム・ヒルトン・ソウル、当時のソウル・ヒルトンのオープニングスタッフです。１９８２年、26歳のときです。わたしにとってはじめてのホテルの立ち上げでした。

日本国内だけでも、数十万人と言われるホテリエ人口のなかで、ホテルのオープニングに立ち会える人はそう多くはありません。なぜなら、ホテルは一度オープンしたら、何十年も営業するもの。日本の老舗旅館だと創業数百年というところもざらにあります。一人のホテリエが働く期間から考えても、一生に一度出会うかどうかです。とくに、大きなホテルチェーンであれば、オープニング専門の部隊がいる場合もありますから、一般のホテリエが開業に携わることはほとんどありません。

ですから、こんなに若い時分からホテルの開業を経験できたのは、とても幸運なことだったと思います。

リューベルさんに任されたのは料飲副部長というポジション。数十人の料飲部全体をマネジメントする立場ははじめてのチャレンジでした。

実は、このマネージャーデビューは苦々しい思い出です。

わたしは英語と日本語しかできないので、ソウルの現地採用スタッフとは言葉が通じません。これは英語が通じるフィリピンとは大きく異なる点でした。

そして、突然やってきた20代半ばの外国人上司ということで、なかなかスタッフのみなさんに受け入れてもらえませんでした。こちらの言葉は届かないし、メンバーが言っていることもわからない。ただでさえ初の開業準備に右往左往しているというのに、現場の一体感がなかなか得られない。

「こんな状態で、本当にオープンできるのだろうか」と不安な日々が続きました。

しかし、オープンが間近になるにつれて職場の環境が整っていきます。それぞれがやるべき仕事が明確になっていく。そうすると、急にみんな一生懸命に仕事をしてくれるようになったのです。

わたしが特別な働きかけをしたというわけでもありません。各々が目の前の向き合うべき業務に集中して、みずからの力を存分に発揮してくれたのです。

このとき学んだのは、「人はだれでも、根本的には『良い仕事をしたい』という思いを持っているんだな」というシンプルな原則でした。**国がちがっても、文化や価値観がちがっても、「プロとして誇りある仕事がしたい」という想いは、みんな同じです。**わたしがマネージャーとしてどれだけ厳しく指導したとしても、部下をコントロールすることはできない。むしろ反発されたり、やる気を削いでしまったりする。

それよりも、みんながどうしたら仕事に向き合えるのか、どんな環境があれば集中できるのか考え、一つひとつ整えていけば、それでいいのだと学んだのです。

これが第2章の「リーダーの仕事は環境を整えることだ」という、わたしの考えのベースとなった出来事でした。

国際標準の「接遇」から、日本独自の「おもてなし」へ

ソウルでの勤務を終え、次は大阪に移ることになりました。ヒルトン初となる、関西圏への進出。開業準備期間は8ヵ月ほど。任された役職は料飲部長。フィリピン、韓国を経て、いよいよ日本への「帰国」です。

大阪に来て驚いたのは、マニラやソウルとの客層のちがいです。マニラやソウルに限らず、世界中のヒルトンホテルには同じようなお客さまがいらっしゃいます。それは、世界を股にかけて飛び回っているビジネスパーソンです。

自国のお客さまが来ることはあまりなく、世界各国のお客さまに対応する必要があ

ります。逆に言うと、それは「国際標準」の接遇ができていれば問題ないということ。フィリピンでも韓国でも同様でした。

一方、ヒルトン大阪のお客さまの多くは日本人。レストランには大阪、神戸など近郊からお食事を楽しみにお客さまがいらっしゃいますし、宿泊されるのも、関東からのお客さまが主でした。

国内需要の高さは、日本のホテル業界の特徴的な点だと思います。つまり、国際標準の接遇だけでは通用せず、プラスアルファの「おもてなし」が求められるわけです。

ディズニー社との出会いで芽生えた2つの想い

幸運なことに、またも新規オープンの声がかかります。

1988年の東京ベイヒルトンのオープンに合わせて、舞浜に行くことになったのです。東京ベイヒルトン（現・ヒルトン東京ベイ）は、東京ディズニーリゾートのエリア内にある、東京ディズニーリゾートのオフィシャルホテルです。

当初、わたしはあまり気乗りしていませんでした。大阪での仕事が楽しく、成功していたこともありましたし、東京ベイヒルトンが進出する舞浜地区には、そこまで宿泊客が集まらないのではないかと心配だったからです。

そんなわたしの心配はまったくの杞憂でした。オープン直後から連日満室のご予約があったのです。

理由として、当時４つのオフィシャルホテルができたことで、ディズニーランドが「アーバンリゾート」、つまり、泊まって楽しむディズニーリゾートとして大流行したことが挙げられます。関東圏からのお客さまも、地方からディズニーランドへ遊びに来るお客さまも急増しました。

東京ベイヒルトンでは、ヒルトン大阪とのちがいもありました。

たとえば、レストランでお客さまとお話しするにあたっても、これまで使っていたような会話のテクニックは通じませんでした。

以前は、どのホテルでも自分よりうえの世代のお客さまが中心で、かつ一流のビジネスパーソンや政財界を代表するような方々とのコミュニケーションが多かったので、丁寧で教養あふれる、機知に富んだトークが好まれました。

一方、ご家族で来ているお客さまの会話の中心はお子さんです。ご家庭の「プリンス」「プリンセス」に怖がられないような笑顔と口調を心がけなくてはなりません。わたしも試行錯誤しつつ、お子さんに楽しく過ごしてもらうための会話のコツをつかんでいきました。

もっとも、ここでつかんだつもりだったコツも、ディズニーホテルにきた後に「まったく通用しない」と思い知らされるのです。

当時は東京ディズニーランドが5周年を迎えた頃で、ちょうど第二のパーク（のちの東京ディズニーシー）を建設するための話し合いが行われていた時期でした。第二のパークをどんなものにするのか、ディズニー社からオリエンタルランド社へのプレゼンテーションが、東京ベイヒルトンの宴会場で行われることになりました。ディズニー社によるプレゼンテーションの準備には、1週間ほどの時間を要しました。かなり大がかりで、力の入ったプレゼンです。

もちろん、準備期間中は関係者以外は立ち入り禁止。世界のディズニーが全力を注ぐ、トップシークレットです。夜にはガードマンを立てるなど厳戒態勢が敷かれていました。

プレゼン当日は、当時のディズニー社幹部も来日。とても緊張感のある時間となりました。

わたしはディズニーの歴史の一ページを垣間見ているような心持ちでした。

それまでにソウルや大阪でホテルの立ち上げに関わってきましたから、熱のこもったプレゼンの現場にも何度となく立ち会っています。

それにも増して、ディズニー社のプレゼンは規模も熱量もすさまじく、圧倒されたのです。

情熱を持ったプロフェッショナルたちに囲まれて仕事をするのは、とても楽しく刺激的でしたし、ディズニーの世界を見ることができて、「なんて夢のある仕事なんだろう！」と感動しました。

このとき、わたしの胸には「いつか東京ディズニーリゾート関係の仕事をやってみたい」「もしもディズニーのホテルがあったら、すごいものができるのだろうな」という憧れのような思いが芽生えていきました。

世界のホテルを見て回る

そうして、東京ベイヒルトンで充実した日々を過ごしていたあるとき、大阪時代の元同僚から連絡をもらいました。ウェスティン・ホテルズ&リゾーツに移っていた彼が「今度大阪にウェスティンが上陸する。一度面接を受けてみないか？」と言うのです。

ウェスティンにとっては、日本に初進出するプロジェクトで、オーナーは青木建設（現：青木あすなろ建設）でした。わたしは、青木建設の青木《あおき》宏悦《ひろよし》会長と面接を行い、すぐに移籍することになりました。

長年お世話になったヒルトンを離れ、ウェスティンへの移籍を決意したのには、いくつか理由があります。

ひとつは大阪は知った街であり、好きな土地であったこと。

もうひとつは日本に残りたいという思いがあったことです。外資系のホテルチェーンは、だいたい3年くらいで転勤がありますが、ほとんどが国を越えた転勤になります。そして、わたしはもう5年以上日本にいましたので、このままヒルトンにいれば、次は日本ではなく、どこか別の国だろうという予想がありました。とは言え、日本という国が大好きだったので、日本に残れるチャンスがあるのならつかみたいと思ったのです。

そして3つめの理由として、料飲部長兼副総支配人のポジションをいただけたこともあります。当時のわたしにとって、ホテル全体を見られる副総支配人のポジションは、願ってもないステップアップでした。

約15年お世話になったヒルトンを退社し、ウェスティンホテル大阪へ入社します。ここでの開業準備期間は3年ほどありました。まずは、世界中のウェスティンホテルを視察して回ることになりました。

この視察の際に、わたしははじめてフロリダのウォルト・ディズニー・ワールドをじっくり知ることになります。当時ウェスティンが運営していた、ウォルト・ディズニー・ワールド・スワンというリゾート敷地内のホテル（現在はマリオットインターナショナルが運営）に泊まったのです。

ここでは東京・舞浜とのちがいをありありと感じました。フロリダのウォルト・ディズニー・ワールドはとにかく広いのです。当時はマジックキングダム、エプコット、ディズニーMGMスタジオ（現ディズニー・ハリウッド・スタジオ）という3つのパークと（それぞれが東京ディズニーランドと同じくらいのサイズです）、ウォーターパークが3つ（現在は2ヵ所）、キャンプ場に、ゴルフ場も2つありました。

ですから、ウォルト・ディズニー・ワールドに来るゲストのみなさんは、長くホテルに滞在して、さまざまなエンターテイメントを楽しむのがスタンダードなのです。スワンに宿泊するゲストのみなさんも、とてもゆったりとホテルステイを楽しんでいました。

さて、そうやってウェスティンホテル大阪の開業準備にいそしんでいたある日、わたしに思いも寄らない辞令が下されました。なんと、総支配人になってくれと言うのです。しかも開業までに残された時間は、3ヵ月！

正直に言えば、これはすこしショックでした。わたしがヒルトンを離れた背景には、新しく「ウェスティン流」を教えてもらえるとの想いも強かったからです。

総支配人というホテリエのトップへ登り詰められたこと自体はうれしかったのですが、当時わたしは36歳で、日本のホテル総支配人としてはかなりの若手。しかも、ウェスティン流を知らない、ヒルトン出身の人間です。「ベスフォードに務まるのか」という厳しい目があったことも事実で、緊張感のある就任となりました。

ウェスティンホテル大阪での仕事で想い出深いのは、1995年11月のAPECの大阪開催と首脳の受け入れです。

APECとはアジア太平洋経済協力会議のこと。環太平洋地域の国々が年に一度集まって、首脳会議や外相、経済担当相の閣僚会議などを行います。1995年と言えば、日本の総理大臣が村山富市《むらやまとみいち》首相、アメリカはクリントン大統領だった時代です。

およそ1年の準備期間を経て、無事に全行程が終了。そのときは、大きな肩の荷が下りた気分でした。この頃には、わたし自身、総支配人としての仕事もずいぶん板についてきていたように思います。

思いがけないオリエンタルランドへの入社

実は、ウェスティンホテル大阪で総支配人を務めている時期に、当時オリエンタルランド社の社長だった、加賀見俊夫《かがみとしお》さんからお誘いを受けていました。「オリエンタルランドでホテルをつくるから、ぜひそこに来てほしい」と。東京ベイヒルトン時代の関わりがありましたから、オリエンタルランドでの仕事には強く興味を惹かれました。しかも、自分の経験が活かせる、ホテルの立ち上げです。

しかし、当時はAPECなどの対応で、とてもウェスティンホテル大阪を離れられる状態ではありませんでした。そのため、「いまはとても考えられないです」と話していたのです。

それでも加賀見さんは根気強くご連絡くださり、結局APECが落ち着いたあとにオリエンタルランド社へ入社することになりました。1996年3月のことです。

加賀見さんが誘ってくださった理由を考えてみれば、やはりわたしの経歴が大きかったのではないかと思います。

日本語ができて、英語もできる。日本のホテルビジネスのことを知っていて、外資系企業に勤めていたためアメリカの企業文化への理解がある。それからホテルの立ち上げの経験もあって、東京ベイヒルトンに勤めていたため、ディズニーパークや舞浜エリアについても知見がある。そういった点を総合して、わたしに白羽の矢を立ててくださったのでしょう。

また、東京ベイヒルトン時代には、加賀見さんもわたしたちのホテルをご利用されていました。どこかでわたしの仕事ぶりを見てくださっていたのかもしれません。

オリエンタルランド社に入社して、最初の４年間はアンバサダーホテルの準備期間となりました。

そもそも、オリエンタルランド社はディズニーではないホテルを独自開発する計画だったのですが、ディズニー社との話し合いで方向を転換。「ディズニーブランドのホテルをつくろう」と決定しました。わたしが入社したのは、その転換が決定した直後のことでした。

入社してすぐに、ディズニー社から、アンバサダーホテルのテーマについてのプレゼンテーションがありました。

ここで出されていたテーマ案は3つあり、そのうちの1つが1930年代のハリウッドがテーマのホテルでした。1930年代と言えば、ハリウッドの黄金期で、ミッキーマウスが映画で活躍しはじめた頃。「カリフォルニア・ハリウッドのアール・デコ」といったイメージで、華やかなデザインが魅力的でした。

このプレゼンテーションを聞いてすぐに、「これが良いね」とみんなの意見が一致しました。

ホテルをつくる前には必ずモックアップルーム、いわゆる模型の部屋をつくります。模型と言っても実物大でつくることが多いですね。一番多いタイプをつくります。

ベッドに乗ってみて寝心地を試し、こちらを向いたらぶつかることになるとか、部屋のドアの開き具合や、デザインされた絨毯と壁紙がマッチしているか、椅子の座り心地がいいのか、そういうことをすべてチェックします。

アンバサダーホテルのモックアップルームに、当時オリエンタルランドの髙橋政知《たかはしまさとも》相談役が車椅子でいらっしゃって、「ここだったら泊まりたいね」と言ってくださったのを思い出します。髙橋さんは２０００年のオープン前に亡くなられたのですが、きっと気に入ってくださったと思っています。

また、ホテルを立ち上げるにあたって、いちばんの要になるのは「人を集めること」です。料理長からペストリー職人から、さまざまな人材を一から確保しなくてはなりません。ヒルトン時代の知り合いなどに「一緒にやろう」と声をかけたりして、すこしずつ人を集めていきました。

当時わたしの声かけに応じてくれた人のなかには、アンバサダーホテルオープン時の料飲部長でホテルミラコスタの総支配人も務めた金子務《かねこつとむ》さんや、ホテルミラコスタの総支配人を務めた石井章弘《いしいあきひろ》さんなどがいます。

このような信頼できるメンバーと立ち上げのプロジェクトに臨めたのは、非常に恵まれていたと思います。

「おいしいものをつくってくれ」

わたしをオリエンタルランドへ引き入れた加賀見さんからの指令はと言えば、たったひとつだけでした。

――おいしいものをつくってくれ。

「売り上げをこれだけあげろ」でもなければ、「これくらいの稼働率を達成してほしい」でも、「ゲストにこういうサービスを提供してほしい」でもなく、ただ「おいしいもの」のひと言のみだったのです。

日本は食文化が豊かな国。訪れるゲストのみなさんも当然食通の方が多いです。しかも、「きちんとした食事はホテルで」といった概念が根づいていた時代でした。「ホテルのレストラン＝レベルが高い」というイメージがありました。実際、2007年に日本初進出したミシュランガイドの東京版でも、当初はホテルに入ったレストランが多く紹介されていたように記憶しています。

ですから、「あのホテルのレストランはたいしたことがない」と言われてしまえば、ホテル全体のイメージに大きく傷がつく。そうなれば、「しょせんテーマパークがつくったホテルなんてこんなものだ」と批判を受けることになるでしょう。

加賀見さんもきっとそのことをわかっていて、「おいしいものをつくってくれ」とおっしゃったのだと思います。

加賀見さんの言葉を受け、料飲部にはかなり力を入れました。

レストランで提供する食事の味には高いクオリティを要求。そのかわりに、最初の2〜3年は原価についてはなにも言及しないことにしました。調理キャストには、すこしの原価削減を気にするよりも、味の追求に目を向けてほしかったのです。もちろん、調理キャストは規格外の原価をかけることはありませんでしたが、原価をチェックしなかったことで、自由にメニューの開発をしてくれたと思います。

それに加えて考えなければならないのは、わたしたちは「ディズニーのホテルである」という大前提。味が良いことは絶対条件であり、プラスアルファとして、お食事にもディズニーらしい「楽しさ」が必要です。

もともと日本の食文化は目で楽しむもの。たとえば、四季を表現する器や盛りつけ、彩りが豊かになる食材選びなど、見た目の美しさにも気を配るのが日本流ですよね。つまり、ゲストのみなさんも、目で楽しむことに慣れているのですから、見た目に気を遣っていない料理を提供するわけにはいきません。ですから、味だけでなく、見た目にもこだわってメニュー開発を行いました。

見て美しく、楽しい気分になれて、口に入れるとしっかりおいしい。そんな料理を実現するために、何度もテイスティングを行いました。オープン前には、ディズニー社からも、もちろん加賀見さんにも試食会に参加していただきました。結果は、good サイン。みなさん、喜んでくださっていたと思います。

わたしを変えた3つのディズニー・カルチャー

オリエンタルランドに入社し、ディズニーホテルに関わることは、わたしの人生にとってエポックメイキングな出来事でした。それは言わば、はじめてイギリスで暮らすときや、はじめてマニラで働きだしたときのような「異文化への飛び込み」。ディズニーホテルへ参画した瞬間から、わたしの目の前にはまったく新しい世界が広がっていたのです。

このチャレンジによって、他社で総支配人まで務め、ホテリエとして完成されつつあった自分が、大きく変わることになります。もう一度、一からホテルを学び直すような機会を得たのです。

わたしがディズニーホテルで感じた新しさとはなんだったのか。

1つめ、まず衝撃を受けたのは、**「ディズニー・イマジニア」の存在**です。

「イマジニア」とは、「イマジネーション（想像）」と「エンジニア（技術者）」をかけ合わせた造語で、ウォルト・ディズニー・イマジニアリングで働く人々の総称です。

ウォルト・ディズニー・イマジニアリングは、世界中のテーマパーク、リゾートホテルなどの設計や開発を行っている会社です。たとえば、イラストレーターや建築家、エンジニア、照明デザイナー、ショーライター、グラフィックデザイナーなどのプロフェッショナルが所属しています。

このイマジニアたちがチームを組んでいろいろな体験をつくり、ディズニーストーリーテリングを現実のものとしているのです。

日本初のディズニーホテルを立ち上げるにあたって、彼らが一からチームに参加してくれました。イマジニアが統括する範囲は、コンセプトデザインや建物の外観、内装といったホテルのアウトラインから、客室内のインテリアやアート、キャストのコスチューム、庭園の植栽デザイン、食器などの小物にいたるまで、ホテルに存在するすべてに及びます。

たとえば、テーブルクロスや絨毯にさりげなくミッキーシェイプを入れたり、レストランキャストのコスチュームとラインのデザインを合わせて食器に絵つけをしたり、細かなところまでこだわって、ディズニーの世界を演出していきます。

5歳のとき、カリフォルニアのディズニーランドで「サブマリン・ヴォヤッジ」に乗りこんで、船窓に広がる海底世界にびっくりしたことを思い出しました。あの深い没入感や、夢のような楽しさは、ここから生まれていたのだ。彼らの仕事ぶりを間近で見ながら、そう学びました。

お客さまに安心安全で、快適な時間を過ごしていただくこと。気持ちの良いサービスを提供すること。ディズニーホテルに来る前は、それがホテルの役割であり、ホテルとして目指すべき正解だと思っていました。

しかし、ディズニーホテルでお届けしなければならないのは、パークと地続きの、魔法が解けない空間と体験。それをつくるのも、このホテルのホテリエであるわたしの仕事なのだと痛感しました。ホテルへの考え方や、ホテリエとしての仕事観が大きく押し広げられた出来事でした。

２つめに大きかったのは、**「お客さま」**です。

ディズニーホテルを利用するお客さまは、パークへ来るゲストです。ということは、「ファミリー」が中心で、「遊びが目的」で、「ディズニーが好きな人たち」。この３点が共通しています。

一般的に、ホテルにはビジネスで来る人や、観光で訪れる人、試験を受けに来る人など、さまざまな目的を持ったお客さまがいらっしゃいます。当然、一人からご家族での宿泊まで、利用人数もバラバラになる。

ですから、ここまで客層が絞られていたのは、ホテルとしてはめずらしいことでした。これは、ゲストにどんなニーズがあるか、どんなサービスが喜ばれるのかを考えるうえで、非常にありがたいのです。

ゲストを想定して、わたしたちが**とくに意識したのは「想い出がつくられやすい場所」にする**ことでした。

ゲストのみなさんは想い出づくりのために、このホテルにいらっしゃいます。つまり、料理やサービスに対してお金を払うわけではない。もちろんそこに値段がついているのですが、ゲストのみなさんの心境としては、「このホテルでつくられる想い出のため」にお金を支払おうと考えてくださるのだと思うのです。

ですから、ホテルサービスのクオリティや豪華さ、美しさとともに、「想い出をつくりやすい場所にしよう」と心がけました。

想い出は、料理やサービスだけで生まれるものではない。たとえばエントランスに入った瞬間に、エレベーターを降りた瞬間に、キャストと目が合った瞬間に、あらゆる場面で想い出はつくられていきます。

この「想い出」への強い意識は、ディズニーホテルに来なければ持ち得なかったかもしれません。ディズニーホテルでの組織づくりにおいても大切な観点でしたし、わたし自身のホテリエとしての「おもてなし」もより磨かれたのではないかと思います。

３つめの新しさは、**本当にゼロからのスタートだった**こと。わたしにとって未知のチャレンジでした。

それまでわたしは、ヒルトンでもウェスティンでもホテルの立ち上げを経験していましたから、すくなからず「ホテルの立ち上げには実績がある」という自負を持っていました。

でも、それはあくまでも「新しいヒルトン」「新しいウェスティン」をつくるプロジェクト。ルールもやり方も決まっていて、ある程度のマニュアルもありました。さらに、周りのメンバーも自社のやり方を知っている人ばかりでしたから、仕事についての共通認識もできていたのです。

一方、東京ディズニーリゾートではじめてのディズニーホテルだったので、そんな土台がまったくありません。

オリエンタルランド社は、ホテルをつくるのはこれがはじめての経験。まさにフリーハンドでホテルをつくることになったのです。

たとえば、経理システムひとつをとっても、ゼロから開発しなくてはいけませんし、オリエンタルランド社から人事部の社員は派遣されてきても、ホテルに合う人事を学ぶところからはじめてもらわなくてはなりません。

ホテルという空間も、ホテルの組織も、働くうえでの共通認識も、みんなで一からつくりあげていきました。

とてもたいへんな仕事でしたが、同時にそのおもしろさも強く感じました。

自分はなにかをつくること、ホテルをオープンさせることが好きだ。これが天職かもしれない、と感じるようになり、いまでは、自分のことを「オープン屋」と呼んでいます。

そうして、アンバサダーホテルのオープンにこぎつけたのが、２０００年の7月。

ただし、わたし自身の「ディズニーホテルに携わることでの変化」はオープン後も続きます。実際にゲストのリアクションを見て、はじめて「ゲストはこういうことで喜ぶんだ！」と気づいたり、笑顔が堅いと指摘されたり。

ディズニーの褒め合う文化がホテルにも浸透したことによって、わたし自身も厳しい指導をしなくなり、キャスト（部下）への接し方も変わったように思います。

それくらい、**「以前のベスフォード」と「ディズニーホテルにいるベスフォード」では、かなりちがう人間になった**のです。

きっと、ディズニーの世界で過ごしていくうちに、わたしにもピクシーダスト（妖精の粉）がかかったのでしょう。

最強のパートナーシップが生んだ奇跡のリゾート

東京ディズニーリゾートは、ディズニー社（ウォルト・ディズニー・カンパニー）とオリエンタルランド社の両社でなければ成し得なかったと思います。

ディズニー社とオリエンタルランド社は組織文化もちがいますし、仕事の仕方も、社員たちの価値観も異なります。

実際、東京ディズニーリゾートの開発にあたっては交渉の連続だったようです。それはホテルをつくるうえでも同じ。意見の食い違いもあり、お互いの会社の調和をうまく取っていくことが、なによりチャレンジングな作業でした。

しかしその反面、お互いがかけがえのないパートナーであることも、両社とも十分に理解していたように思います。両社が最終的に手を取り合えたら、必ずすばらしいものができるとみんなわかっていたのです。

どちらも、「ゲストのために良いものをつくりたい」「ゲストを喜ばせたい」という思いは一緒です。

だからこそ、意見が合わないときがあれば、お互いの立場から譲らずに説得し合う。妥協するのではなく、より良いプランを探る。一見、対立関係があるように思えるのですが、そのような忌憚《きたん》のない部分にこそ、強い信頼関係が表れていたのではないかと思います。

日本のものづくり精神に、ディズニーのイマジネーションを乗せる。そんな相乗効果によってできあがったのが、東京ディズニーリゾートです。

東京ディズニーリゾートは、ディズニー社とオリエンタルランド社のすばらしいパートナーシップがなければ、実現し得なかった奇跡的なリゾートだと思うのです。

この強力なパートナーシップがあってこそ、日本初のディズニーホテルの開業も成功させることができました。その一員として、ホテルの立ち上げに携われたことを、心から誇りに思っています。

東京ディズニーリゾートに建つ、すばらしいホテルをつくる仕事を与えてもらったこと。

いつも一生懸命にゲストを想うキャストたちとともに働けたこと。

わたしたちの考えるサービスを心から喜んでくださるゲストと一緒に過ごせたこと。

どれをとっても、これほど恵まれた人生はないと思っています。とても幸せなホテリエ生活です。

第4章

Part 4

成功するホテル経営に必要な2つの目線

成功するホテリエは2つの目線を持っている

第2章で、ホテルの経営者の仕事は、豪華客船の船長のような仕事だと言いました。船長の仕事は、「船を正しく安全に操縦すること」と「乗組員に最高の環境を提供すること」だと考えています。「環境整備」についてはお話ししましたが、「操縦」についてはスキップしたままでしたね。

船長の仕事と聞いて、まず思い浮かぶのは「操縦」でしょう。船の指揮権を持ち、出入港を指示し、安全な航海計画を立てる。運航中は、対外的な交信を行ったり、緊急時には甲板に出て乗組員に指示をすることもある。それが船長の仕事です。

ホテルの経営者も、まさに同じ役割を持っています。

ホテル事業を出港させ、安全な経営計画を立てて、運営を指揮していく。緊急時には前面に立って対応する。つねに会社全体に目を配り、経営状態を把握して、長期的に安定した航海ができるよう力を尽くしています。

この第４章では、そんな船の「操縦」、つまりはホテルのビジネスを営むうえでの大切な視点について、お話ししていきたいと思います。

ホテリエのキャリアは十人十色です。現場での接客が好きで好きでたまらない人、先に紹介した「田中プロ」のようにホテルの設計まわりに興味津々な人、あるいは若き日のわたしのように、「いつかは総支配人に」と夢見る人。そんななかで、ホテリエとしての階段を駆け上っていく人たちには、ひとつの共通点があるとわたしは思っています。

それは、「２つの目線」を持っていること。これは自分を含め、まわりにいる経営者や総支配人たち、また、それぞれの立場で高みを極めた人たちをたくさん見てきて気がついたことです。

「2つの目線」とはなにか。それは、「顧客目線」と「経営者目線」です。

ホテリエとは、つねにお客さまのためを考えて行動する仕事です。なにか困っていることはないか、どんな行動をしたら喜んでいただけるのか、どう声をかけたら気持ち良く過ごしていただけるか。どんな業務に従事していても、基本的には目の前のお客さまを喜ばせることを第一に考えるようになるものでしょう。

そこで「目の前のお客さまを喜ばせられたら、それだけでOK」と考えるのか、「ビジネスとしての視点」も持てるかで、その後のホテリエ人生が大きく変化するのです。

たとえば、精いっぱいのサービスで「目の前のお客さま」を喜ばせる。それはとても大切なことですね。しかし一方、そのサービスは「すべてのお客さま」に提供できるものでなくてはなりません。お客さまによってサービスの質を変えることは、あってはならないことです。

だとすれば、**すべてのサービスは持続可能なものでなければならない。**サービスを提供するたびに大赤字を出したり、スタッフに過大な負荷をかけるようなものであってはならない。それが「経営者目線」ということです。

たとえ総支配人でなくとも、**部署のリーダーたちも必ずこの「目」を求められます。**

一方で、リーダーの職を任されてみると、今度は全体的なビジネスの利益ばかりを見るようになる人もいます。「お客さまが喜ぶことはなにか？」を見失ってしまうのです。そうなれば、当然良いサービスは提供できません。

ホテルを訪れるお客さまは、「自分にとって行く価値のあるホテルか」をあらゆる観点からチェックしているものです。「お金を支払う人間」とだけ見られていると感じたり、気持ちの良いサービスが受けられないと判断されれば、すぐに離れていってしまいます。お客さまの心をつかめなければ、それもビジネスとしての終わりを意味します。

たとえ総支配人になって、**接客の現場から離れたとしても、一人のお客さまをおもてなしする精神は、仕事の軸として持ち続けなくてはなりません。**

「顧客目線」と「経営者目線」。ホテルという豪華客船を正しく安全に操縦するためには、この「2つの目線」をバランス良く持ち続けることがなによりも重要です。

この章では、「2つの目線」でどんなことを考えるべきなのか、実際にわたしが日頃どんな視点を持って働いているのかをお話ししていきたいと思います。

ユーザーになって「顧客目線」を培う

「顧客目線」に立って考える。

これはホテル業界のみならず、製造業からサービス業にいたるまで、さまざまな業界で語られていることばです。ユーザー目線に立って商品を考える。読者目線に立って本をつくる。ドライバー目線に立ってサービスエリアを設計する。とても大切なことです。

反対にあるのが、企業目線の発想です。企業の論理で、また、企業の都合で商品やサービスを考えてしまう。これではお客さまの望むものを提供することなどできません。わたしたちはつねに「消費者としての自分」を忘れないようにしなければならないのです。

つくり手側の都合に流されず、どうすれば消費者としての自分を保つことができるのか。

それには**実際に、一人の顧客として商品を買い、サービスを受けてみることが大切で**

す。ホテル業界で言うなら、積極的に他社のホテルに泊まることがかなり重要になります。

わたしが顧客としてホテルに泊まるときに観察するポイントは2つあります。

ひとつはハード面。ホテルのパブリックスペースや、客室内がどんなつくりになっているかをつぶさに観察します。これは個人的に興味があるからかもしれませんが、プライベートでホテルを利用しても、「どんなつくりになっているのだろう?」「こういう理由で、こんな工夫をしているのだろうな」とホテルの裏側を想像してしまうのがクセになっているのです。

たとえば、以前すこし狭い客室のホテルに泊まったときのこと。客室に入ってすぐにクローゼットのスペースがないことに気づき、残念だなと思っていました。

しかしよく見ると、入ってすぐの壁と平行に間仕切り板があり、壁とのあいだに隙間がつくられていて、そのなかにフックがあったのです。上着が2枚、重ねずにかけられる仕様になっていました。省スペースでありながら、顧客の要望には応える、よく考えられた工夫だなと感心しました。

もうひとつ、顧客として観察するのはホテリエのサービスです。自分はどんな場面で、どんなサービスをしてもらったか、そしてそのときにどんな感情を抱いたかを覚えておく。これは、いちばんわかりやすい「顧客目線」の蓄積だと思います。

たとえば近隣施設の情報を知りたくて、地図やガイドブックを開いているときに、「なにかお探しですか?」「どちらまで行かれるのでしょうか?」など気を利かせて声をかけてくれれば、満足度は大いに向上するでしょう。

実際、ホテルのレストランの前で「どんなメニューがあるのだろう?」「子ども連れでも大丈夫かな?」と不安に思っていても、わざわざホテリエを探してまで質問する人は多くないはず。ほとんどの場合は「聞くほどでもないし」「面倒だから」と、不安を抱えたまま過ごします。

そんなときに、「あのお客さまはもしかしたら困っているのかも」と察知したホテリエが声をかけてくれたら。小さな困りごとを解決してくれたら。これだけでも非常にうれしい出来事として記憶に残るはずです。

ひとつの仕事に長年従事していると、いつの間にか「顧客目線」を忘れ、企業側の論理だけで物事を考えてしまうものです。**顧客だった自分を思い出すためにも、意識的に「お客さん」になる機会を設けましょう。**そして、参考になる部分は積極的に取り入れ、気持ちの良くないサービスは反面教師として肝に銘じるのです。

わたしはいまも、率先してホテルめぐりを続けています。

ホテルにおける3つの良いサービス

ホテルの仕事は、サービス業のひとつに数えられます。そして、サービス業には、飲食業からアパレルなどの接客販売業、さらには医療や福祉関連の仕事まで、実に多種多様な職業が含まれます。

しかし、ほかのサービス業と比べて、ホテル業はどこか違う印象があるのではないでしょうか。とくに、わたしが務めてきたヒルトンやウェスティン、そしてディズニーホテルのような場では、他業種とはちがった特別なサービスが提供されているような印象があります。

わたしが思う、良いホテルのサービスは次の3つです。

1つめは、**「歓迎の気持ち」が感じられる**ことです。

ホテリエから「このホテルに来てくださって、本当にうれしい」というウェルカムの気持ちが伝わることが、お客さまが「良いサービスだ」と感じる根源だと思います。反対に、すこしでも歓迎されていない雰囲気を感じ取れば、実際の対応や言葉、技術がどんな内容であっても、「良いサービス」にはなり得ません。

さらに言えば、ホテルとは必ずしも「楽しみにいく場所」ではありません。たとえば出張で、試験のために、観光のためになど、「目的に付随する道中の宿」として利用する場合も多くあります。つまり、そういったお客さまは、価格や交通の便を第一に考え、それ以上の期待はしないままに宿泊することも多いわけです。

どのような理由で選んでくださったとしても、心から歓迎する。その気持ちは必ず伝わりますし、むしろホテルへの期待がすくなかったぶん、お客さまの感動も大きくなります。

「わたしは歓迎されている」。

これはすべてのホテルが、お客さまに対してなにより先に提供するべき感情です。

２つめは、**「安心感」がある**ことです。

ホテルは宿泊をする施設ですから、安全性が確保されていることに加え、プライバシーが守られた、くつろげる空間であることが重要です。

これは空間の安全性やセキュリティなどのハード面に限ったことではありません。たとえば、寝心地が良い、快適に過ごせる清潔さがある、おいしい食事がとれるといったポイントも、「安心感」や「くつろぎ」につながります。

あるいは、ホテルでなにをしていたかを噂されないことや、ホテルでの行動に干渉されないこと、ホテリエの口が堅いといった要素も、「安心感」につながる大切なポイントです。

そうした「安心感」がすべて揃って、お客さまは自分の家と同じように、あるいはそれ以上にくつろぐことができます。そんな空間が提供されているのが、ホテルにおける「良いサービス」の絶対条件。これは、ほかのサービス業にはないホテルならではのポイントですね。

3つめは、**「困りごとをすぐに解決」してくれる**ことです。

先ほどもお話ししましたが、お客さまにとっての理想的なサービスと言えば、ほしいときにほしいものがあり、困りごとがあればすぐに対処してもらえることです。

一般にホテルでの「良いサービス」と言うと、普段とすこしちがう特別な行動が取り上げられることが多いと思います。たとえば、サプライズでバースデーカードが部屋に置いてあったとか、仕事で使う大切な資料を忘れてしまったときに急いで届けに来てくれたとか。そうした行動は、お客さまの期待を超えた対応であり、感動を生むおもてなしです。

しかしわたしは、**お客さまが「やってくれて当たり前」と思っているような日常的な対応こそが「良いサービス」の本質だと思っています。**

たとえば、お風呂やトイレが清潔でなかったり、タオルを貸し出してもらえなかったり、お客さまにとってなにか困りごとが発生してしまったなら、ほかでどれだけ感動するおもてなしがあったとしても台無しです。チェックアウトするとき、「ここは良いホテルだったな」という清々しい感想にはならないでしょう。

プラスアルファの感動を生むサービスはもちろんすばらしいものですが、不便や困りごとが発生しないことこそ、「良いサービス」の第一の条件。たとえ「歓迎」と「安心感」があったとしても、困りごとがあるのなら意味がないのです。

自分に対して真摯に心を傾けてくれているとわかれば、特別ななにかがなくとも、お客さまは「良いサービス」だと感じ取ってくださるはずです。

「極上」ではなく「ふつう」を体験する

先ほどお話しした通り、わたしはプライベートでもよくホテルを利用しているのですが、仕事の一環として、本格的に視察目的でほかのホテルに宿泊することも多くあります。過去には、世界中にあるウェスティンホテルを回ったり、フロリダにあるディズニーホテルを回ったりもしました。現在でも、都内に新しいホテルが開業したら、たいていは視察にうかがっています。

そうした視察の際に、大切にしていることについてもお話ししておきましょう。

まず、ホテルを視察するときのわたしのポリシーのひとつに、**「開業から3ヵ月間は行かない」**というものがあります。

ホテルは、ふつうの会社のように徐々に大きくなっていくビジネスモデルではありません。準備期間中は、お客さまはゼロで売り上げもなし。オープンと同時に、一気に数百室分のお客さまがやってきます。

言わば、たった1日で需要がゼロから100になります。

オープンしてすぐは、どんなホテルでもあたふたするものですし、通常のオペレーションとはいきません。

そんなスムーズでないオペレーションの様子を視察しても、あら探しになるばかりで学びにならないですね。視察に行くときには、「このホテルの良いところを見よう」という気持ちで、自社のより良いサービスにつながるヒントを探すべきです。

3ヵ月ほど経てば運営が落ち着き、しっかりオペレーションが成り立ちはじめます。

もうひとつのポリシーは、**スタンダードなお部屋に泊まる**ことです。

トップスイートのようなハイグレードのお部屋は、デザイナーが時間もお金もたっぷりかけた、ホテルの看板的存在。

ですが、それはホテルビジネスにとっては「飾り」のようなものです。ホテル運営における基本となるのは、多くの割合を占めているスタンダードなお部屋。利用者もほとんどがここに泊まりますから、ホテル経営においては、スタンダードなお部屋の満足度をいかに高めるかが重要になります。

視察先によっては、グレードの高いお部屋に通そうとしてくださる場合もあるのですが、わたしは必ず「スタンダードなお部屋を見せてほしい」とお願いしています。

一般に、ホテルのスタンダードな客室は25～40㎡くらいの面積です。それだけの面積にベッドやバス、トイレなど必要な要素を入れ込む。世界中で何千万回と同じような客室がつくられているのです。

とっくにベストなパターンはわかりきっていそうなものですよね。「どうして統一規格ができていないのだろう？」と不思議に思います。

しかし、各ホテル会社はその限られた面積のなかで、いまだに新しいアイデアを探し、ほかとはちがう魅力を出そうとしています。なにか新しいテクノロジーを追加したり、魅力的なアートを取り入れたり、一生懸命工夫を重ねているのです。

そうやって、ふつうのお部屋をどう魅せているか、どんな工夫を施しているのかといった点に、各社の知恵やビジネスにおける狙いが隠れています。ですから、スタンダードなお部屋こそ、じっくりと視察するべきだと思うのです。

航空会社のことを知りたければ、エコノミークラスに乗る。飲食店のことを知りたければ、「上」でも「特上」でもなく、「並」のランチをいただく。しかも、オープンからしばらく期間の過ぎた**「ふつう」のオペレーションによる「ふつう」のサービスを体験する。そのお店や企業の実力は、そこでこそ見極めるべき**だと思います。そんな「ふつう」が大切なのは、もちろんわたしたちホテルでも同じことです。

ホテルを動かす3つのエンジン

もう一つの「経営者目線」について具体的な話に入る前に、まずはホテルのビジネスモデルについて簡単に見ていくことにしましょう。

ホテルという豪華客船は、大きく３つの主力エンジンで航行しています。もちろん、さまざまな機能や事業があるのですが、ホテルにとって動力源となっているのは、「宿泊事業」「レストラン事業」「宴会・婚礼事業」の３つです。

なにより大切なメインエンジンが、「宿泊」です。

みなさんご存じの通り、ホテルでは寝泊まりするための場所を提供し、利用者の方々から宿泊料を頂戴しています。宿泊事業における利益率は、平均して60〜70％。どのホテルでも会社全体の利益の大半を占めている部門です。

メインエンジン「宿泊」に対して、「レストラン」や「宴会」は、予備のエンジンといった感じでしょうか。どちらもホテルビジネスにとって欠かすことのできない要素です。

とくに日本では、海外に比べて料飲部門「レストラン事業」の売上比率が高いという特徴があります。

とは言え、利益率の観点から言えば、レストラン事業のそれは宿泊事業ほど高くはなりません。季節や天候に左右されやすい面もありますし、各メニューの売れ行きを正確に予想することは困難なので、食品のロスが出てしまうことも多いのです。

「宴会・婚礼」もまた、大切なエンジンです。

婚礼サービスは、高い売り上げを期待できる反面、開催は基本的に週末のみ。ウィークデーは、企業や団体による一般宴会で埋めなくてはなりません。祝賀会、同窓会、就職説明会、入社式など、ひと言で「宴会」と言ってもその姿はさまざまです。

一般宴会と婚礼のバランスをとることで、3つめのエンジンが頼りがいのある存在になります。


以上、3つのエンジンが揃ってこそ、安全な航海が可能になります。

そして大切なのは、たとえホテルの花形が宿泊事業と映ったとしても、ほかの部署を軽んじないこと。自分たちが乗り込んだ船は、ほかのエンジンがあってこそ航行できていると知ることです。

自分がどの部署にいたとしても、全体を見る「経営者目線」が持てていれば、自然と他部署への敬意も生まれますし、「One Team」の意識も芽生えていきます。

自分たちの狙いを「ひとつ」に絞る

ホテルの経営に携わるようになってから、たまに、「ホテル経営を成功させる鍵はなんですか？」と聞かれることがあります。

わたしたちディズニーホテルに多くのゲストにお越しいただいているのは、間違ってもわたし個人の力ではなく、キャストのみなさんやディズニーブランド、東京ディズニーリゾートの持つ魅力のおかげです。

もちろん、わたしなりの答えもあります。

それは、**「お客さまが求めるものを提供すること」**。

わたしは、ホテル経営の鍵は、ただこの一点に集約されると思っています。つまり、これが「経営者目線」における最重要ポイントなのです。

たとえば、ファミリーのお客さまが多いのに、子どもが入れない格式高い雰囲気のレストランしかなかったら、お客さまはがっかりするはずです。もしくは、海辺のリゾートにあるホテルなのに、アーティスティックで暗い雰囲気のデザインでは、気持ち良くリフレッシュできませんよね。

自分たちのホテルに来るお客さまは、どういう人たちなのか？　そのお客さまは、どんな気持ちでホテルに来ているのか？　自分たちのホテルになにを期待しているのか？　しっかりと見極めてお客さまのニーズにフォーカスしなくてはなりません。

わたしたちディズニーホテルを例に考えてみましょう。

わたしたちのホテルを訪れるゲストは、ファミリーで、パークに遊びに来た方々です。ゲストのみなさんは、「楽しい想い出をつくりたい」と思って、ホテルにいらっしゃっています。そして、「ディズニー・マジックに包まれた宿泊体験がしたい」という期待をお持ちです。

だから、わたしたちは「ディズニーパークのためのホテル」を掲げ、テーマ性を追求し、ファミリーに愛されるようなホテルをつくっているのです。

その結果として、高い満足度をいただき、多くの方に再訪していただけているのだと思っています。

もちろん、注意点があります。「どんなお客さまが来るか」というターゲットや、「どんなことを求めているか」というニーズを考えるとき、あれもこれも盛り込みたいと欲張りになってはいけません。

実際にホテルを運営すれば、さまざまな目的を持った、バラエティに富んだお客さまがいらっしゃいます。そうした多様なお客さまのご要望すべてに応えたいと思う気持ちもよくわかります。

ファミリーが来るからキッズスペースも必要だし、ビジネスパーソンも来るから都会的なバーとフィットネスジムも必要。外国から来るお客さまがいるから和のテイストを入れてデザインすべきだし、アーティスティックなお客さまもいるから最新のアートも取り入れるべきで……。

そんな調子では、特徴のないピントのぼやけたホテルになってしまいます。

結局、どのお客さまに対しても「求めているもの」を満足できるレベルで提供することはできない。いずれはすべてのお客さまから、そっぽを向かれてしまうことになりかねません。

わたしは、**ターゲットも、ニーズも、ひとつの要素だけにフォーカスすべき**だと思っています。そうすることでホテルとしての目的が定まり、真にお客さまのニーズに応えることがかないます。わたしたちで言えば、「ファミリー」で、「想い出づくり」。それだけに注力するのです。

ひとつに集中することで、ほかのホテルとの差別化も図れます。

ホテルが乱立し、多く存在する時代ですから、ほかではなく自分たちのホテルに来ていただくためには、ちがいをわかりやすくアピールすることは非常に重要です。

自分たちの狙いを「ひとつ」に絞るには、勇気が必要です。あれもこれもと複数の道を残したくなるのもよくわかります。しかし、**自分たちの強みやアピールポイントがわからないようでは、お客さまの目にも「その他大勢」として映るのは当然のこと。**

自分たちのことを知り、お客さまのニーズを深く掘り下げていけば、必ず「ひとつ」の道が見えてくるはずです。

ディズニーホテルにとってのラグジュアリーとは

「お客さまが求めるものを提供する」というわたしの信念が顕著に表れた例として、ファンタジースプリングスホテルの話をしたいと思います。

ファンタジースプリングスホテルを開業するにあたって、わたしたちがいちばん考えたのは、「ディズニーホテルにとってのラグジュアリーとはなにか？」でした。

一般に「ラグジュアリーホテル」と言えば、海外の富裕層をメイン顧客として見込んでいる場合が多いと思います。

しかし、わたしたちは、そうしたゲストばかりを想定していません。ターゲットとしたのは、既存の日本人リピーターのみなさんを含むすべてのゲストです。

ファンタジースプリングスホテルができる前まで、日本のディズニーホテルのなかでは、ホテルミラコスタがもっとも高価格帯のホテルでした。

実はホテルミラコスタでは、高価格帯のお部屋から早く予約が入る状態が何年も続いていました。しかも、年に10回以上宿泊してくださるリピーターの方も多くいらっしゃいます。

つまり、こうしたゲストのみなさんは、「最上の体験を満喫したい！」「もっとディズニーの世界を楽しみたい！」というニーズを抱えているわけです。

ですから、東京ディズニーリゾートでこれまで以上のサービスを届ける「ラグジュアリーなホテル」をつくったとしても、そうした既存のリピーターのみなさんが宿泊してくださるだろうと思うことができました。海外からのゲストを新規マーケットとして狙わなくとも、十分運営がかなうだろうと考えたのです。

では次に、「そんなゲストのみなさんはなにを求めているのだろうか？」という点を考えなくてはなりません。ここでもホテルミラコスタを指標としました。まずは設備面から、「どんな客室のつくりがいいのか？」。

ホテルミラコスタでいちばん喜ばれているお部屋と言えば、ハーバーに面したお部屋です。ポルト・パラディーゾ・サイドの客室で開業当時から不動の人気を誇っています。

それで、ファンタジースプリングスホテルのラグジュアリータイプ「グランドシャトー」では、全部屋にバルコニー（もしくはテラス）をつけました。さらに片廊下のつくりを採用して、すべてのお部屋からパークが見られるように設計したのです。

続いて、客室以外のホテルの施設についても考えました。

ホテルミラコスタに併設された施設では、どのようなものが喜ばれているか？

残念ながらホテルミラコスタに、「これはファンタジースプリングスホテルにも必要だ！」と思えるほどの施設はありません。たとえば、ホテルミラコスタには豪華なプールがありますが、一般的なリゾートホテルと比べると、あまり使われていないのが実情です。

その理由を考えてみれば、みなさんもすぐに思い当たるでしょう。

ゲストのみなさんの目的は、パークに行くこと。「プールやスパに行く時間があったら、もっとパークに長くいたい！」。みなさんそう考えているのですね。

ですから、ラグジュアリータイプのホテルをつくるからといって、施設を豊富にこしらえる必要はないだろうと考えました。ファンタジースプリングスホテルには、プールもスパ施設もバーもありません。

サービス面でも、同じように「ゲストのみなさんは、どんなサービスを求めているのだろうか？」と考えていきます。

たとえば、都内のラグジュアリーホテルに泊まるお客さまであれば、「予約困難な都内の有名レストランの手配をしてほしい」とか、「贅沢なスパで半日リラックスしたい」といった要望をコンシェルジュに伝えるかもしれません。コンシェルジュはそれに対応できるよう、さまざまな準備をしているでしょう。わたしのヒルトン時代もウェスティン時代も、コンシェルジュたちはそのように働いていました。

では、ファンタジースプリングスホテルのキャストも、そういった要望に応えられる備えをすべきでしょうか？

東京ディズニーリゾートのディズニーホテルにその必要はないようです。ディズニーのパークに遊びに来たゲストのみなさんから、そのような一般的な要望はあまりありません。

それよりなにより、ゲストのみなさんが願うのはパークのこと。パークを満喫できるサービスや特典をご用意し、パークでの過ごし方をご提案したりするサービスのほうが、ずっと喜んでいただけるものになるはずです。

ファンタジースプリングスホテルのキャストは、パークの知識を持ち、パーク関連のご質問に応えられるよう万全の備えを行っています。

これが、「お客さまが求めているものを提供する」という成功への道だと思っています。

「2つの目線」が結実したファンタジースプリングスホテル

もうすこしだけファンタジースプリングスホテルについて、お話しさせてくださ い。

わたしは、**ファンタジースプリングスホテルはまさに、「顧客目線」と「経営者目線」という「2つの目線」があったからこそできたホテル**だと思っているのです。

ファンタジースプリングスホテルを開業するきっかけは、当時オリエンタルランド会長の加賀見さんの要望でした。加賀見さんは「これまで以上のレベルのホテルがほしい」とおっしゃったのです。このとき、直接「ラグジュアリー」というワードを使われませんでしたが、話を聞いて、わたしは「ラグジュアリーなホテルをつくろう」という意味だと受け取りました。

わたしたちのホテルは、ありがたいことにいつもたくさんのゲストで溢れていま す。ということは、いつもどこかにぎやかな雰囲気があるのです。

もうすこしゆったりと、落ち着いた雰囲気のホテルがほしい――。

これはまったくわたしの想像ですが、加賀見さんはそう思われていたのではないでしょうか。そんなホテルができれば、加賀見さんと同年代（80代）の方々も心地良く泊まれるホテルになるはずですから。

加賀見さんからのご要望を受けてファンタジースプリングスホテルの計画を立てる以前、わたしは「舞浜エリアでは、ラグジュアリータイプのホテルを成り立たせることは難しいだろう」という考えを持っていました。

ラグジュアリーホテルとは超一流の高級ホテル。ファミリー層がメインの舞浜エリアには、そうした価格設定やテーマ設定はふさわしくないように思われたからです。
また、ラグジュアリーホテルとなると、なにより手厚いサービスが必要になります。どんなに高級感溢れる空間であっても、ほかと変わらないサービスだったら「本当のラグジュアリーホテル」とは言えません。そして、手厚いサービスを提供するためには潤沢な人手が必要になります。

もしも、これまでのわたしたちのホテルと同規模の、５００室以上の客室数でホテルをつくった場合、それだけのゲストのみなさんにご満足いただける手厚いサービスを実現するとなると、かなりの数のキャストが必要になります。これは厳しい条件です。

だからと言って、客室数を極端に減らしてしまえば宿泊事業の売り上げが足りず、投資コストを取り戻すことはできないかもしれない。
ですから、この舞浜エリアで新しいホテルをつくるなら、いままでと同程度の料金、サービスで、５００以上の客室が良い。それが成功パターンであり、ラグジュアリータイプはそぐわない。そう考えていたのです。

しかし、受け取った指令は、「これまで以上」のラグジュアリーホテル。いったい、どうしたらこのエリアで「ラグジュアリー」ホテルが実現できるのだろう？

じっくり考えて出した結論が、「2タイプの構成」でした。少数のラグジュアリータイプと、多数のデラックスタイプ（ホテルミラコスタやディズニーランドホテルと同レベル）を組み合わせたホテルにする。そうすれば、手厚いサービスをかなえながらも、宿泊事業による利益はしっかり確保でき、かつファミリー層を含めたたくさんのゲストの需要にもお応えできます。

この「2タイプにする」という新しいビジネスプランは、おおよそ1～2週間で加賀見さんにご提案した内容だったと記憶しています。思いのほか、パッと提案できたのは、都内に続々とできていたラグジュアリーホテルをしっかりと視察していたからにちがいありません。

ほかのラグジュアリーホテルを見ては、「100～200室の小さなラグジュアリーホテルで本当に利益が出るのか？」「サービスはラグジュアリーと言えるくらいに手厚いのか？」と強い興味や疑問を持って、いつも思いを巡らせていました。それに加え、つねにわたしたちのゲストはどんな方々なのか、分析をしていたことも要因でしょう。

「顧客目線」での視察、「経営者目線」での考え方と分析。それによって、２つのタイプでひとつのホテルを構成するという、新しいモデルを思いつくことができたのだと思うのです。

加賀見さんから、２タイプの構成案にＯＫをいただき、そのあとに具体的に検討を重ねていきました。ここでも「経営者目線」が重要になりました。

「では、それぞれどれくらいの部屋数があればビジネスとして利益を確保できるのだろう？」「どれだけの部屋数だったら、ゲストに喜んでいただける手厚いサービスが提供できるのだろう？」といった具合ですね。

そうして完成したのが、ラグジュアリータイプのグランドシャトー56部屋、デラックスタイプのファンタジーシャトー４１９部屋からなる、ファンタジースプリングスホテルです。

グランドシャトーの56部屋という数字は、あの敷地内で、しっかりと客室の天井の高さを保ち、ラグジュアリー感のある客室をつくるうえで適正な数だったと思います。

また、用意できるキャスト数で、しっかりとサービスを提供できる範囲のゲストの人数でもあると思っています。

災害リスクに対応する「経営者目線」の覚悟

ここまで「経営者目線」については、「ビジネスの利益を拡大させるために」といった観点からお話ししてきました。

それ以外にももうひとつ大切な「経営者目線」があります。

それは、**「リスクへの対応」**です。

たとえば地震など大きな災害が起こった際、ホテルは避難所として開放されることがよくあります。実際に、２０２４年1月に発生した能登半島地震では、被災地の旅館やホテルが炊き出しを行ったり、お風呂を貸し出したりして、被災者の大きな支えになったことが報道されていました。

　ホテルは旅行客のための宿泊施設というだけではなく、いざというときに地域の人たちを迎え入れる場所でもあります。つまり、「社会を支えるインフラ（基盤）」の役割も担っているのです。

　日本はとくに地震が多い国です。たくさんの火山もあり、災害への備えは万全を期しておかなくてはなりません。有事の際に、社会的な役割を果たすための覚悟も、ホテルの「経営者目線」として、とても重要なものだと思います。


　わたしがはじめて大きな災害に直面したのは、初の総支配人になったウェスティンホテル大阪時代。１９９５年1月に起きた、阪神・淡路大震災でした。

　ウェスティンホテル大阪が建っていた大阪市内は、まだ影響が小さかったため、地震発生直後から、自宅が倒壊された方などの宿泊先として営業を続けていました。長期間滞在されるお客さまも多く、長い人で3ヵ月ほど滞在されました。

　お付き合いのあった業者さんのなかには、被害が大きかった神戸や西宮方面に会社を構えていたところも多くありました。そのため、地震の発生から2週間ほど経った頃に、わたしは購買部長と一緒にお見舞いに回りました。

そのなかに、井戸が壊れて水が濁り、日本酒がつくれなくなった造り酒屋さんがいらっしゃいました。再び水を綺麗にしようと思えば、何年も時間がかかる。杜氏の後継者もいないから、もう味を引き継ぐことができない。そう言って、泣く泣く事業を畳む決断をされました。

何十年何百年と受け継がれてきた誇りある家業が、根本から途絶えてしまう。そんな様子を目の当たりにしたショックは、非常に大きいものでした。倒壊した建物を建て直すことはできても、一生元に戻せないものもあるのだと、地震被害の甚大さを痛感しました。

災害対応について大きく学んだのは、東日本大震災です。2011年3月に地震が発生したとき、わたしはディズニーランドホテルにいました。

災害マニュアルに従って、すぐに緊急本部を立ち上げ、精いっぱい対応に当たりました。しかし、急遽の判断がいくつも重なっていて、正直、発生当時のことはあまり覚えていない部分もあります。

地震が発生した時間は午後2時46分。ちょうどチェックインのゲストとチェックアウトのゲストがどちらもロビーにいらっしゃる時間帯でした。想像以上の混乱でした。

地震発生直後から、交通機関は麻痺し、道路も安全に通れなくなって、電気やガス、水道などのライフラインも停止。大勢のゲストもキャストも帰宅することができません。地震発生時にシフトに入っていなかったキャストのみなさんに働きに来てほしくても、ホテルまでたどり着けない状況でした。

この事態を経験して、災害対応は一時しのぎでは不十分で、もっと長期的な目線で備えなければならないのだと学びました。

たとえば、東日本大震災のときはまったく人の移動がかなわない期間が3日間ほど続きました。そうなると、3食×3日で9回も備蓄食を食べることになります。当時の備蓄食は乾パンなどがメイン。つらい思いをしているときに、冷めて乾いた食事で、しかも毎食同じものを食べるのは気持ちが落ち込むものでした。

この学びを活かし、現在では備蓄用食品を変更しています。レトルト食品や、ひもを引くと容器が温まる仕様のものなど、**できる限り温かい食事で毎食同じものにならないように準備しています。**

食品のほかにも備蓄品やその保管場所など、現在は長期の避難生活にも対応できるような備えを行っています。

東日本大震災に関して言えば、地震発生直後の対応もたいへんでしたが、日本全体に自粛ムードが広がったことで、「ビジネスが元通りになるのはいつになるのだろう」という不安が大きく残りました。わたしは「すくなくとも3年ほどはかかるのではないか」と考えていました。

この震災により閉園していたパークの再開時期については、パーク内での協議や、関係各所との協議など、慎重に話し合いが持たれていたようです。非常に難しい判断だったのではないでしょうか。

結局、東京ディズニーランドが4月15日に再開し、それに伴いアンバサダーホテルとディズニーランドホテルも営業を再開。東京ディズニーシーは同月28日に再開、ホテルミラコスタも再開しました。

もちろん、すぐに客足が元通りになるはずはありません。さみしい営業期間が続きました。５月のゴールデンウィークにすこしだけゲストが増えたのですが、またすぐにぴたっと止んでしまい、「オープンするのにはまだ時期が早かったのかもしれない」という不安も頭をよぎりました。

しかし、７月中旬の夏休みに入ると、一気に元通りに近い客足が戻ってきたのです。わたしとしては想像よりずっと早く、とても驚いた出来事でした。

さらに、２０２０年には新型コロナウイルス感染症が流行しました。外出を自粛して、感染対策に努めた日々のことは、みなさんも記憶に新しいことと思います。

感染の拡大を受けて、パークは2月29日にクローズしました。けれどホテルはすぐに閉館できません。宿泊のご予約がありますし、なにより婚礼のご予約も入っているからです。さまざまな調整を経て、1ヵ月後の4月1日に全館休館となりました。

パークが営業していなければ、ホテルに来る意味もほとんど失われてしまいます。その1ヵ月間は毎日5部屋ほどしかご利用はありませんでした。それでも、「すこしでもディズニーの世界を味わいたい」と訪れてくださるゲストの方々のお気持ちは、とてもありがたかったです。

その後3ヵ月間は一切営業せず、6月30日に営業を再開します（セレブレーションホテル　ディスカバー棟は11月12日まで休館）。

このパンデミックで感じたことは、ゲストがいてくださることのありがたさでした。人ひとりいないがらんとしたロビーを見て、毎日ゲストで溢れかえった光景は当たり前ではなかったのだ、と気づかされました。ゲストのみなさんの笑顔、ゲストのみなさんと触れ合うキャストの笑顔を恋しく思う日々でした。

3ヵ月の完全休業を経て、マスク越しにでもその笑顔が見られるようになったときには、胸が熱くなりました。

リスクが現実のものとなるのは突然のことです。なにが、いつ、どうなるのかはだれにもわかりません。だから**「備えがすべて」**なのです。

なにも備えず、災害が起こってから動き出してうまく対応できる人など存在しません。みんなが知識を持ち、物資を備え、訓練を重ねて、まだ見ぬリスクへ対処する覚悟を持っておくべきだと思います。

テクノロジー化は「2つの目線」のバランスで進める

いまの時代、避けられない話題と言えば、ＩＴ化（特定の業務のデジタル化）やＤＸ化（企業全体のビジネスのデジタル変革）に代表される、最新テクノロジーへの対応です。これはホテル業界だけでなく、あらゆる分野で急速な変革を起こしている重要なテーマですよね。たとえばＡＩという最新技術に、どう向き合っていくべきか、頭を悩ませている経営者の方も多いのではないでしょうか。

最新テクノロジーの導入は、まさに「顧客目線」と「経営者目線」の「２つの目線」のバランスが肝心になる観点だと思っています。

「経営者目線」で考えてみれば、最新テクノロジーはぜひ積極的に取り入れたいもの。**なぜなら、お客さまの利便性が向上するほか、従業員の業務が効率化し、人手不**

足の解消にもつながるからです。導入にはある程度のコストはかかるかもしれませんが、それ以上の大きなメリットがあります。とくに人員不足が叫ばれて久しいホテル業界においては、最新テクノロジーを使った業務効率化は急務だと言えます。

ここで、わたしたちディズニーホテルが実践しているIT化の実例をいくつかご紹介しましょう。

もっとも力を入れているのは、チェックイン、チェックアウトの手続きのオンライン化です。チェックインでは、すでに多くのゲストがオンラインを選択してくださっています。ゲストのスマートフォンを使い、オンラインで手続きを行うことで、フロントで宿泊台帳を記入することもなく、お部屋に入ることができるのです。

それは、従来のシステムでチェックインするゲストの待ち時間短縮にもつながっています。

もちろん、チェックイン、チェックアウト業務も大幅に削減することができました。

もうひとつ、近年導入してすでに好評をいただいているサービスに、レストランのモバイルオーダーがあります。

ゲストがスマートフォンで予約注文をすると、指定した時間にレストランに行けば温かい食事がすぐに受け取れる。そんなサービスです。

モバイルオーダーは、フロリダにあるディズニー・リビエラ・リゾートが改装工事期間中に取り組んでいたのを見て、それを参考にして取り入れました。

前もって予約ができて、待つことなくすぐに食事ができるため、ゲストのみなさんからは、「遊び疲れて遅い時間にホテルに戻ってきて、すぐに食べることができてほっとする」「子どもが寝てしまってもちゃんと食事ができて助かる」など喜びの声をいただいています。

また、わたしたちホテル側としても、時間指定枠を設けることでキャパシティオーバーにならないように業務量をコントロールできるほか、オーダー制なので食材のロスが出ないといったメリットもあります。

現在では、モバイルオーダー限定のメニュー開発も行っていて、ゲストのみなさんのなかで、いつでも利用できる食事の選択肢として定着してきていると感じます。

ただし、わたしは**どんなテクノロジーも「2番手で導入する」くらいのスピード感が良いと思っています。**

最新技術を早くに導入すれば大きな話題になりますし、飛びつきたくなるものです。わたしも、オンラインサービスでもロボットでも、最新のものを見ればそんな気持ちがわいてきます。

しかし、ローンチ直後はたいていなんらかの技術的問題がつきもの。すこし待てば、不具合が出ないように改善されたり、導入費用もある程度抑えられたりするのが一般的です。

だれよりも早く最新技術を取り入れるよりも、慎重に検討し、確実で安全に運用できる技術を取り入れていくほうが、結果として満足度の高いテクノロジー化になるはずです。

当たり前のところに当たり前のものを置く

「顧客目線」でも、ハイテク化について考えてみましょう。

ホテルにさまざまな技術が導入され、ハイテク化していくことは、便利でうれしい気持ちがある反面、どこか味気ない感情も残るものではないでしょうか。

たとえば、オンラインチェックインが導入されたからと言って、フロントにほとんどキャストがいなかったらどうなるか。レストランやパークについて質問したくても聞くことができません。オンラインチェックインのやり方がわからない人は途方にくれてしまうし、慣れていなければ「これで大丈夫かな？」と不安に思う方も多いはずです。

あるいは、チェックアウトのとき。オンラインで手続きできるからと言って、キャストのだれとも顔を合わせずにホテルをあとにするのは、すこしさみしさを感じるものではないでしょうか。キャスト側も「今回の滞在はいかがでしたか？」と直接おしゃべりをして手を振ってお見送りできる。その温かさが、ゲストの想い出を美しく締めくくってくれるはずです。

つまり、これから先、どれだけテクノロジーが進化したとしても、お客さまは

「ヒューマンタッチ」も求めていると思うのです。**人と人、直接顔を合わせた体温の伝わるコミュニケーションは、普遍的で必要不可欠なもの**でしょう。

最近はお孫さんと一緒にいらっしゃるシニア層のゲストも増えているため、パークでの過ごし方に不安をお持ちの方々も多いのではないかと思います。

「あのアトラクションはどう行ったらいいのだろう？」「見たいショーのスケジュールがわかるかしら？」「アプリでエントリーってどうやるんだろう？」

そういった不安やちょっとした疑問を、手早く確実に解消するには、明るい笑顔のキャストと直接会話をするのがおすすめです。

そして、テクノロジー化においても忘れてはならないのが、「わたしたちのお客さまにとって」という観点です。

たとえば、照明やテレビ、ラジオをつけたり、カーテンの開閉をしたり、香りを演出したり、お部屋のなかのすべてをタブレット端末1台でコントロールできるようなハイテクなホテルもあります。

しかし、ディズニーホテルでは、そのようなハイテクノロジーを導入しても、利便性の向上どころか、ゲストの不便を招く可能性のほうが高いのです。

わたしたちディズニーホテルでは、ほとんどのゲストが1泊のみのご利用です。「3日使ってようやく使いこなせる」高度すぎるテクノロジーはふさわしくありません。

ランプにスイッチがついている。トイレの前にスイッチがある。そんな**「当たり前のところに当たり前のものがあるわかりやすさ」がなによりも大切**です。小さなお子さんから、おじいちゃんおばあちゃんまで、どんな世代の人も使いやすいつくりでなくてはいけません。

ですから、なるべくシンプルな設計を心がけています。


以上の実例と考え方を踏まえ、最新テクノロジーに対してわたしたちディズニーホテルがとっている方針はこうです。

「待ち時間が長い」といったゲストの不満を解消したり、キャストの業務が効率化できる最新テクノロジーは積極的に導入する。そして、効率化したぶんの時間を使って、ゲストとのコミュニケーションを増やし、ゲストの不安を解決する。

ただし、積極的に導入するとは言っても、ゲストに合わせて、過剰ではないテクノロジーだけを導入しています。

もちろんこれは「すべてのホテル」にとっての正解ではありません。あくまでも「わたしたちディズニーホテル」にとっての暫定解です。

「顧客目線」と「経営者目線」、どちらかに偏ってテクノロジー化を推し進めてしまえば、ビジネスを転覆させるきっかけになりかねません。「2つの目線」の両面からバランス良く考えて、「わたしたちのお客さまにとって」より良いサービスを提供する。それが最新テクノロジーの導入におけるもっとも大切なポイントだと思っています。

第5章

Part 5

ホテリエから見る日本の可能性

「ストレンジャー」だからこそ見える日本の可能性

日本政府が発表したところによれば、2023年に日本を訪れた外国人旅行者の数は2500万人を超え、そのインバウンド消費額は5・3兆円を突破したのだそうです。政府は、2030年には訪日外国人旅行者数を6000万人の大台に乗せ、15兆円のインバウンド消費額を目標に掲げています。少子高齢化とそれに伴う内需の縮小が叫ばれるなか、本格的な観光立国を目指す、ということなのかもしれません。

たしかに、街中を歩いていて外国人観光客の方々を目にする機会は多くなりました。そして、わたしたちディズニーホテルや東京ディズニーリゾートでも、外国人観光客の割合は増えてきています。日本の観光立国化は、わたしたちのビジネスにとっても無視することのできない流れです。

わたしは経済の専門家ではありませんし、観光業界を代表する人間でもありません。生粋のホテル屋です。日本の将来について大上段に語るつもりはありません。

その一方で、もしかしたらわたしにしか見えていないこともあり、わたしにしか語れないこともあるのではないか、とも思っています。

わたしは日本で生まれ、日本で育ちました。日本語を話し、日本で職を得て、日本のホテルを経営しています。それでも、国籍で言えばイギリス人。イギリス人の父とカナダ人の母のもとで育ち、イギリスの寄宿舎学校で学びました。

それでは寄宿舎学校時代に「ああ、ここが僕の母国だ！」「このままずっとイギリスで暮らそう！」とのびのびしていたかというとちがいます。夏休みに入るたびに日本に「帰国」し、卒業後も日本に戻って職を得たことが、なによりの証拠です。イギリス人としての誇りもありますし、イギリスのことは好きですが、やはり心は日本にありました。

結局、わたしはどこに行っても「ストレンジャー」、他所《よそ》からきた人なんですね。地元意識や母国への帰属意識がどこか希薄で、日本にいてもイギリスにいても、あるいはフィリピンや韓国にいても、「みんなとちがう」という感覚がすくなからずあります。

なにか悲しい告白のようですが、わたし自身は自分の強みだと思っています。

なぜなら、わたしはホテル業界で働いているのです。世界各国から訪れる「ストレンジャー」のお客さまたちにサービスを提供する立場にいるのです。

また、日本人ではないからこそ見える日本の長所や、改善したほうがいいと思うポイントも当然あります。

たとえば、日本人の考える「おもてなし」と、欧米における「ホスピタリティ」のちがいなどは、わかりやすい一例でしょう。

「おもてなし」と「ホスピタリティ」のちがい

日本の最大の観光資源と言えば、「人」であり、その「おもてなし」であると、わたしは断言します。

千五百年以上の独自の歴史を持ち、四季折々の自然も美しい日本は、たくさんの観光資源を持っています。たとえば、北海道ニセコ町のパウダースノー。全国各地に残る神社仏閣。サンゴ礁に彩られた沖縄のビーチ。

日本食は世界中で大人気です。

それらを凌駕《りょうが》するのが「日本人のおもてなしの気持ち」だと思います。

日本語の「おもてなし」に対応する言葉として、英語には「ホスピタリティ」という概念があります。どちらもゲストを温かく迎え入れる心、その思いやり、といった意味で理解されていますよね。

しかし、わたしからしてみれば、両者は似て非なるものです。

たとえば、海外のホテルでベルサービスが荷物を部屋まで運んでくれた。コンシェルジュがおすすめの観光スポットを紹介し、レストランの予約まで取ってくれた。これらはまさに「ホスピタリティ」です。

同時に、彼らの提供するホスピタリティは、仕事として定められた「ルール」でもあり、チップを受け取るための「サービス」でもあります。やや意地悪な見方をするなら、一人のスタッフが自分をお客さまに強く印象づけるために行った「スタンドプレー」とも言えるのです。

一方で、日本人の「おもてなし」はちがいます。「おもてなし」はルールや業務ではなく、すべての日本人が当たり前のように持っている「心」だからです。

たとえば、外国人観光客が駅の券売機前で迷っていたら、通りすがりの人が「どうしたんですか？」「どこに行きたいのですか？」と声をかける。切符の購入をサポートしたり、ホームまで案内したりする。

このとき声をかけた理由は仕事だからではありません。当然、チップも発生しません。単純な善意で声をかけ、相手に対して時間を使ったのです。

こうした行動は外国人観光客だけに向けられるものではないでしょう。迷子になっている子どもがいたら助けようとするし、落としものを見つけたら交番や、駅のサービスセンターに届けてあげる。みなさんもお店で忘れものをしたとき、店員さんが走って届けてくれた、といった経験をお持ちではないでしょうか。

そんな日本人の優しさ、真面目さ、親切さ、礼儀正しさ。それゆえの社会の清潔さ、秩序正しさ、治安の良さ。これらすべてが「おもてなし」となって、日本を訪れる外国人観光客を歓迎しているのです。

海外のホテルに宿泊したときには、さまざまな「ホスピタリティ」を実感します。わたしも世界中のホテルを視察で訪れていますから、感動するほどのサービスを何度も受けてきました。

でも、それはどこまでいっても「極上のサービス」でしかありません。彼らは業務の一部として、心からのサービスを提供しているのです。

一方、**日本を訪れた外国人観光客は、日本人全体からの、あるいは日本の社会全体からの、特別な「おもてなし」を実感します。**これはもう、ほかの国が真似しようにも真似ることのできない国民性であり、文化です。

わたしが言う「最大の観光資源は『人』なんだ」とは、そういう意味なのです。

日本人に鍛えられた日本のホテル

日本のおもてなし文化は、「日本人全体」によってつくられている。

もしそうだとした場合、日本のホテルには日本独自の「おもてなし」は存在しないのでしょうか。

もちろん存在しています。しかも日本のホテルは、ちょっと意外なおもしろいプロセスを経て、独自の「おもてなし」を発展させていきました。

日本のホテルを訪れるお客さまの中心は日本人です。つまりホテル側としては、「日本のお客さま」が満足してくれるレベルのサービスを提供する必要があります。

日本のお客さまは一様に親切で、礼儀正しく、慎み深くて、ホテリエたちに対しても優しい印象があります。わたしの経験から言っても、フロントで押し問答になったり、お部屋からクレームやリクエストの電話を入れてこられる日本のお客さまは、それほど多くありません。

しかし、日本のお客さまには意外な特徴があります。

それはアンケートをしっかり記入してくださる、ということ。

ホテルではたいてい、客室にアンケート用紙を置いたり、ご帰宅後にアンケートの案内をメールで配信したりして、お客さまからの声を集めています。

そして日本のお客さまは、アンケートに対して丁寧なコメントをびっしりと書いてくださるのです。たとえば「あのお料理が好きだった」「今回の宿泊ではこんな楽しみ方をした」といった感想から、「こういうサービスがほしい」「どうしてこの施設をつくってくれないんですか？」といったご要望まで、さまざまな声が寄せられます。

アンケートを通して、お客さまがなにを求めているのか、どんな滞在を望んでいるのかが明確になります。これはより良いホテルをつくり、お客さまに満足していただける運営を行うために、たいへん参考になります。

アンケートに真摯な回答を寄せてくださるのも、日本人の几帳面さの表れです。


そして、アンケートのなかで「改善してほしいポイント」を列挙される方が多いのも日本人の特徴です。もちろん不備をご指摘いただけるのはありがたいのですが、たとえば「内装はブルーが基調でしたが、わたしは白のほうが好きです」とか「アメニティーのシャンプーの香りが苦手でした」といったコメントを寄せてくださることも多くあります。

この場合「これはお客さまがご自分の好みを伝えているだけだ」と無視するのか。それとも「これも改善すべきポイントだ」とこちら側の落ち度として考えるのか。

ホテルとしての正解は後者です。クレームと同様、マイナスポイントとして計上されます。個人的な感覚としては、日本人のお客さまは、ホテリエに直接クレームを伝える方がすくない代わりに、アンケートに書いて指摘する方が多い印象があります。

アンケートに関しては、ほかの国々でも国民性が表れます。

たとえばタイでは、なにがあっても褒めるお客さまが多いです。どんな体験をしたとしても、滞在中にフロントで直接クレームを言っていたとしても、利用後のアンケートでは「パーフェクトなサービスでした」と書くのです。

日本人からすれば、ある意味で「嘘を書いている」ように思われるかもしれません。しかし、タイ人にとってホテルは「招かれて訪れた家」のように捉えられています。ですから、その場を去るにあたっては「すばらしかった」と手放しで感謝を述べるのが礼儀とされているのです。

日々「日本のお客さま」に喜ばれるサービスを目指し、さまざまな工夫を重ねている日本のホテルには、独自のおもてなし文化が育っています。こうした日本のホテル文化は、必ず外国人観光客のみなさまにも喜ばれるものだと確信しています。

日本のホテルの食品庫に驚く

国際的なホテルグループで働いていると、日本への転勤を命じられることも当然あります。

「外国人のホテリエたちは日本の厳しい客を相手にしたくないのでは？」「日本では働きたくないと思っている人が多そうだ」と思われたかもしれませんね。

でも実のところ、ホテリエならば「一度は日本のホテルで働いてみたい！」と憧れているのです。

なぜ世界のホテリエにとって日本は憧れの地なのか。

「おもてなし」の心を持ち、真面目な性格の人が多いのは、お客さまだけではありません。同僚も、つき合う日本人の業者さんもみんなそうなのです。だからとにかく働きやすい。こんなにスムーズに仕事を進められ、自分の実力を存分に発揮できる国はほかにない。それを知っているから「一度は日本へ」と憧れるのです。

たとえば、日本のホテリエが業者さんに「明日卵6個を届けてほしい」と電話をかければ、業者さんは必ず対応してくれます。そして約束通りの時間帯に、きちっと届く。一方海外の業者さんは、「卵6個」なんて単位では受けつけてくれません。また数十個や数百個単位の注文をしても、配送業者の都合で予定通りに届かないことも日常茶飯事です。

そのため、海外のホテリエがわたしたちのホテルを視察に訪れたとき、食品庫を見せると必ず驚きの声を上げます。「なんて小さいんだ！」「これであの大きなレストランを回しているのか！」と。小ロットからでも、すぐに新鮮な食品を届けてもらえる日本だからこそ、小さな食品庫で十分対応できているのです。

もちろんこれは、食品に限った話ではありません。水回りの修繕をする水道業者さんも、シーツやタオルを回収・管理するリネン業者さんも、みんな真面目で丁寧で、嫌な顔ひとつせず正確な対応をしてくださる。それが「ふつう」なのは日本だけです。

そんな環境で働けるなら、自分はもっとすごい仕事ができる。ホテリエとして、さらに成長することができる。そんなわけで日本は「憧れの地」になっているわけです。

「食」への研鑽《けんさん》、３つのポイント

日本でホテルビジネスを成功させようと思うなら「食」へのこだわりが欠かせません。海外では「ホテルに泊まって、食事は街のレストランで」というスタイルが一般的なのに対して、日本では「レストランで食事をするためにホテルを訪れる」というお客さまもたいへん多いのです。

そのためわたしたちディズニーホテルでも、開業当時から強いこだわりを持ってレストランを運営してきました。

ホテルの数が増えたいまは、すべてとはいきませんが、できる限りのレストランのメニューを直接テイスティングしてチェックしています。

その際、わたしが大切にしている３つのことをお話ししましょう。

１つめは、**「必ずすべて食べきる」**こと。

たとえば、ひとくちだけ食べたらおいしいけれど、一皿食べきると塩からく感じる味もあります。もしくは、それぞれの料理はおいしいけれど、コース料理として食べていたら、お腹が重たく感じてしまうこともある。成人男性で、食べるのが大好きなわたしがそう感じるのならば、女性やご高齢の方には食べきれない量なのでしょう。たとえ一つひとつの味がどんなにおいしくても、食べ終わったときに気持ちが悪くなってしまったなら、その食事は台無しです。

ですから、試食会では必ずすべての料理を食べきって、お客さまに喜んでいただけるメニューになっているかを判断しています。

2つめは、**「好みを抜いて考える」**こと。

ホテルのレストランで提供される料理は大抵おいしいものです。なかには高級食材を使った料理もたくさんあります。そんなものをタダで食べる試食は、うらやましい仕事に映るかもしれません。

ですが、プロの仕事として食べるのはまったく意味がちがいます。

仕事として試食するのであれば、自分の好き嫌いで料理を判断するのは厳禁です。

たとえば、チョコレートのケーキに柑橘系のソースをかけたメニューがあります。

わたしはあの甘さと酸っぱさが混ざった感じがすこし苦手です。しかし、ディズニーホテルのレストランではよくメニューに採用されています。なぜなら日本人のゲストに喜ばれる味だから。

どんなメニューを提供するのかに、わたし個人の好みなんてまったく関係ないのです。たとえ苦手な味であっても、「この味のこういうところをみなさんは喜ぶんだ」「だったらこのソースは、もうすこし新鮮な酸味を強調したほうがいいのかもしれない」というように、客観的な舌で味を分解していくのです。

なにがゲストに喜ばれるのか、喜ばれないのか。なにが売れるのか、売れないのか。その点だけにフォーカスして判断するのが、プロフェッショナルとしてのわたしの矜持《きょうじ》です。

3つめは、**「積極的に海外で食事をする」**こと。

日本のレストランは、メニューも味つけも日本人の好みに寄せて考えられているものです。たとえば、新鮮な魚を使ったメニューがとても多いですし、一皿に載るお肉は小さめになる傾向があります。デザートは海外よりも甘さ控えめです。

普段から日本人の好みに合わせたメニューばかり食べていると、自然と自分の味覚や美的感覚もそちらに寄っていきます。それは日本人のお客さま向けメニューを決める際には役立つものですが、一方で、客観性が失われたりする恐れもあります。

そこで定期的に海外のレストランで食事をして、**「日本人の舌」をリセットする**のです。

先日も、イタリアのあるレストランで食事をしたら、メインの肉料理がパンチのある味つけで驚きました。スパイスの香りが強烈で、肉本来のうまみを邪魔しているように感じられたのです。けれど、地元のお客さんたちはおいしそうに平らげています。

時折そうやって、日本人に合わせた味覚や美的感覚をリセットすることで、より客観的に自分たちのホテルの食事をチェックできるようになります。これは海外からのお客さまのニーズを知るうえでも参考になるだけではなく、食材の新しい使い方、料理の盛りつけ方、いままでにないメニューのアイデアなど、新たなヒントをもらうことにもつながります。

なぜ連泊しないのか

フロリダにある世界最大のディズニーリゾート、ウォルト・ディズニー・ワールドには、数多くの直営ホテルがあります。それらのホテルの滞在日数は、平均して約5日間だそうです。

一方、わたしたち日本のディズニーホテルでの平均滞在日数は1泊が多く、短い滞在期間でゲストのみなさんはご帰宅されています。

フロリダのように5日も滞在するのは難しいかもしれませんが、せめてもう1泊すれば、もっとゆったりしたスケジュールを組むことができます。パークを思いっきり楽しみ、リフレッシュして仕事に復帰できるのではないかと思うのです。

それなのに、どうしてみなさん1泊でご帰宅されるのでしょうか？

「4つのパークと2つのウォーターパークなどがあるフロリダほど、遊ぶ場所が多くないからだろう」と思われた方もいるかもしれません。

ですが、パークが東京ディズニーランド1つだけだった時代と、東京ディズニーシーが誕生してパークが2つになって以降を比較しても、ホテルの平均滞在日数はそれほど増えていません。つまり、必ずしもパークが増えれば滞在日数も増える、というわけではなさそうです。

では宿泊費の問題でしょうか？　宿泊費が高いせいで連泊されないのでしょうか。それもちがうようです。いちばん手頃な価格のセレブレーションホテルでも傾向は変わらず、みなさん1泊での宿泊がほとんどなのです。

過去には、2泊目や3泊目の料金が安くなる宿泊プランを販売していたこともありますが、平均滞在日数に影響はありませんでした。

日本人はなかなか休みが取れない、という問題もありそうです。欧米の国々では長いバケーションを取る習慣があるのに比べて、日本ではそんな文化はありません。旅行の期間を短くせざるを得ない人もいらっしゃるでしょう。

しかし、わたしが日本で働きはじめた頃に比べたら、日本でも休暇は取りやすくなっています。たとえば5日間連続で休暇を取る「リフレッシュ休暇」の制度が導入されている企業も増えていますし、２０００年代には40％台だった有休消化率も、現在では60％台にまで上昇しています。

たとえば同じ国内旅行でも、沖縄に行くとなれば、ほとんどの人が2泊以上宿泊するのではないでしょうか？　東京から沖縄に行って1泊だけで帰ってくる人はむしろ少数派でしょう。

つまり、ゲストの多くが「このエリアは1泊の場所だ」という認識を持っているからだと思うのです。

ディスティネーションリゾートを目指す

では、どうすればそんなみなさんの意識が変わるのでしょうか？

これにはもう、ホテル側からご提案するしかないのかもしれない、とわたしは思っています。たとえば、連泊プランを増やすなどです。

多くのゲストに「1泊より2泊がゆったりできて良いね」と思っていただけたなら、「このエリアで2泊過ごすこと」が浸透していくかもしれません。

実際、東京ディズニーリゾートには2泊分の時間を楽しめるだけの施設が十分揃っています。それぞれに異なる魅力が詰まった2つのパークがありますし、もちろんホテルの施設もあります。ゆっくり過ごしていただける客室やラウンジもあるし、おいしいものが食べられるレストランもいくつも用意しています。

一度体験すれば、きっと東京ディズニーリゾートで連泊することの良さを知っていただけると思うのです。

1泊が多いのは、わたしたち東京ディズニーリゾートに限った話ではなく、たとえば温泉地でもそうです。

電車とバスを乗り継いで、または車で何時間もかけて温泉旅館へ行く。到着したら温泉に入って、すぐに夕食の時間。そのあと、また温泉に入って就寝。「せっかくだから」と朝も急いで温泉に入って、朝ご飯を食べたらもう出発するスケジュール。

思い当たる方は多いのではないでしょうか。

加賀見さんはご自身の著書で「東京ディズニーリゾートは、ディスティネーションリゾートを目指したい」と書かれていました。その名の通り、旅の「最終目的地」として、エリアの外に出ずともさまざまなお楽しみが体験できて、ゆったりとリフレッシュできるような場所にしたいと。

わたしも加賀見さんの意見に賛成です。東京ディズニーリゾートでの滞在のベースとなるホテルとして、ゆとりあるバケーションを提案していきたいと思っています。

目の前にあるマイナスをつぶしていく

インバウンド需要を高めるために大切だと感じるのは、「満足度をアップさせよう」と考えるより、「ちいさな不満をつぶしていこう」と考えることです。

日本には旅の満足度を高める魅力的な観光資源がすでにたくさん存在しています。どんな地域でも必ず満足できる体験があるでしょう。

ですから、旅行客のみなさんが不満に思ったり、ちょっと不便に感じたりといった「減点」がなくなれば、旅全体の満足度は、自然とあがっていくと思います。

しかも不満の解消は、新たな魅力を開発したり建設したりするよりも、ずっと簡単に取り組めることです。

みなさんも、海外旅行先で日本語の案内を見たり、日本語のメニューが置いてあったり、日本語のアナウンスが聞こえてきたりしたら、それだけで安心しますよね。日本を訪れる外国人も同じです。自分には読めない文字（漢字やひらがな）に囲まれ、理解のできない言葉（日本語）しか聞こえてこない空間で過ごすのは、やはり心細いものですし、ストレスもたまります。英語版の案内表示をつくり、英語版のメニューを用意するくらいなら、すぐにでもできるはずです。

そうやって、些細な不満を減らしていけば、最終的に「日本旅行は最高だった！」「本当に楽しかった！」という感想で旅は締めくくられるでしょう。

これはわたしがホテルを経営していくうえでも、大切にしている発想です。ゲストの満足度を高めようとするとき、多くの人は「加点」のアプローチを取ります。「こうしたらもっと喜んでくれるかもしれない」「もっとサービスを拡充しよう」と。

しかし、わたしは「いま目の前にあるマイナス」をつぶすことが先決だと思っています。まだ見ぬプラスを創り出すより、すでに見えているマイナスを改善するほうがずっと難易度は低いし、確実なのですから。

そうして減点をなくすことができたら満足度も高くなる。満足度が高まれば、リピーターは増え、口コミが広まって新たなゲストを増やすことにもつながります。

海外からのお客さまを難しく思わない

もしかすると、言語にまつわる問題はテクノロジーの進展によって解決を見るのかもしれません。現在でもスマートフォンや専用のデバイスを使った翻訳機能は便利に使うことができますし、すでに業務上で取り入れている会社も多いでしょう。

ただし、テクノロジーが言語の壁を突き破ったとしても残る、最後の壁があります。


それは、**海外からのお客さまを「難しく思わないこと」**です。

たとえば、あなたが英語の話せないホテリエだったとします。外国人のゲストから、なにかを相談される。一緒にガイドブックを見たり、スマートフォンの翻訳アプリを使ったりしながら、なんとかコミュニケーションを図る。長い時間をかけて、汗にまみれながら、かろうじて困りごとを解決する。

それでいいのです。はるばる海外からやってきたゲストにとって、「あのホテリエが懸命に頑張ってくれた時間」は、なににもまさる想い出となり、再びあなたのホテルを訪れる理由になるでしょう。これだけの真摯さを示されて、あなたの英語力を笑うゲストなど一人もいません。

実際、わたしたちのホテルでも「あのキャストは言葉の通じないわたしたちの話にずっと耳を傾け、理解しようとしてくれた。そして目的地まで丁寧に案内してくれた。その気持ちにとても感動した」といった感謝のメッセージをいただくこともよくあります。

ネイティブ並みの語学力でコミュニケーションできることも大切ですが、それと同じかそれ以上に「難しく思わず、一生懸命に対応すること」は胸を打ちます。

なぜなら、これに勝る「歓迎」のサインはないのですから。

「難しく思わないこと」は、言葉のコミュニケーションに限った話ではありません。

たとえば、豚肉を食べられないイスラム教徒のゲストが、朝食ブッフェを訪れたとき。そこにソーセージとベーコンとハムしか置いてなかったら、どう感じるでしょうか。食べられるお肉がないのですから、「このホテルではわたしは場違いなんだ」と思うかもしれません。

でも、もしもここに七面鳥のハムを置いていれば、「わたしも歓迎されているんだ」「わたしの宗教についてケアしてくれている」と自然とうれしく感じてくれるでしょう。こうしたハラルフードの存在やそれをクリアしたハラル認証の存在については、最近日本でもよく知られるようになってきました。

ちょっとした配慮によって、外国人のゲストに対して「あなたを歓迎していますよ」「あなたは大切なゲストですよ」という気持ちを伝えることができます。

日本の方々にとって言葉の壁がとても大きいものであることは、わたしもよく理解しています。でも、相手の国の言葉が話せないのはお互いさまの話。

残されているのは「怖い」とか「大変だ」といった心の壁だけです。

どうぞコミュニケーションを難しく思わないでください。

どこの国のだれに対しても、同じような「歓迎」の心を示してください。

ほんとうの「おもてなし」は、そこからはじまるのだとわたしは思っています。

おわりに

２０２４年6月6日、東京ディズニーシー・ファンタジースプリングスホテルが開業しました。わたしの約50年のホテリエの経験と理想が形となった瞬間であり、わたしの人生のなかでも、非常に感慨深い出来事となりました。

日本のディズニーホテルの歴史は、２０００年開業のディズニーアンバサダーホテルからはじまりました。その後、東京ディズニーシー・ホテルミラコスタ、東京ディズニーランドホテル、東京ディズニーセレブレーションホテル、東京ディズニーリゾート・トイ・ストーリーホテルが加わり、多くのゲストをお迎えしています。

数えきれないゲストとのふれあいや、キャストの貴重な経験、さまざまな試行錯誤をもとにつくりあげられた東京ディズニーシー・ファンタジースプリングスホテルは、これまでのディズニーホテルと同様、ゲストのみなさんに末永く愛される作品、「マスターピース」になったのではないかと自負しています。

しかしながら「マスターピース」は、ホテルの建物だけでは成り立ちません。ゲストをおもてなしするキャストによってはじめて完成します。ホスピタリティビジネスにとって、人材の育成はもっとも重要なテーマのひとつであると言えます。

そんな思いから、わたしのささやかな経験やディズニーホテルのホスピタリティの精神を、ホスピタリティビジネスを志す方や、次の世代を担うみなさんにお伝えすることで、働くうえでの成長のヒントになればと思い、本書を執筆しました。

また、この本を通じて、ホテルの滞在やホテルビジネスの楽しさをすこしでも多くの方々に知っていただければ、それにまさる喜びはありません。

それは、わたしが生まれ育ち、ホテリエとしての基盤が培われた日本への恩返しの意味もあります。

舞浜にまだ東京ディズニーランドとその周辺のオフィシャルホテルしかなかった頃。「テーマパーク」から「テーマリゾート」へと変革を目指す、まさにその時期に、ミリアルリゾートホテルズは誕生しました。

いままでは、幅広いゲストの滞在スタイルに合わせたディズニーホテルの選択肢をゲストのみなさまに提供できていると自負しています。

ですが、ここで立ち止まることなく、挑戦を続けていく必要があります。日々大きくなるゲストからの期待に、わたしたちは応え続けなければなりません。当社が掲げる「すべての瞬間を、かけがえのない想い出に――。」というブランド・ビジョンを実現していくためにも、社員一人ひとりが当事者意識を持って、未来を描いていくことが大切であると考えます。

目の前のゲストにかけがえのない想い出をつくってほしいという真摯な気持ちを持つ人、仲間とのチームワークを楽しみ、大切にできる人、サービスのプロフェッショナルとして、つねに自分を磨き続けられる人には、ぜひ当社で一緒に挑戦してほしいと思います。

日本のディズニーホテル、そして、わたしのホテリエとしての人生は、多くのみなさまに支えられ、いまに至ります。ここであらためて感謝の意を表したいと思います。

ヒルトンのボルクマー・リューベル氏にはホテルの開業についてあらゆることを教

えていただきました。これらの学びや経験は、のちの6つのディズニーホテル開業に活きることとなりました。わたしを1993年に開業したウェスティンホテル大阪の総支配人として登用してくださった、元青木建設会長の青木宏悦氏からは、リーダーシップについて多くを学びました。

オリエンタルランド代表取締役 取締役会議長の加賀見俊夫氏は、わたしをディズニーホテルに招聘した本人であり、わたしが目指す人物像そのものでもあります。オリエンタルランド代表取締役会長兼CEOの髙野由美子《ゆみこ》氏は、ディズニーホテルにおいて16年間わたしの直接の上司であり、つねに温かく見守っていただきながら、企業の経営について非常に多くの学びや示唆をいただきました。ウォルト・ディズニー・イマジニアリングに在籍されていたウィン・チャオ氏からは、ディズニーホテルとはなにか、ホテルにとってテーマ性がいかに重要であるか、といった、まさに現在のディズニーホテルの軸となる考え方を教えていただきました。

そして、ホテルを愛し訪れてくださるゲスト、ホスピタリティ精神溢れるキャスト、縁の下でわたしたちをサポートくださるサプライヤーのみなさま……、数えきれないくらい多くの人たちに支えられ、ディズニーホテルとわたしはいま、ここにあります。

みなさまにこの場を借りてお礼を申し上げます。ありがとうございました。

また、最後になりますが、本書の執筆にあたっては、講談社の編集担当である奈良《なら》部《ぶ》あゆみ様、池内《いけうち》あづさ様、杉《すぎ》田《た》光啓《みつひろ》様、農村《のうむら》清人《きよと》様をはじめ、バトンズの古賀《こが》史健《ふみたけ》様、水沢《みずさわ》環《たまき》様、関係者のみなさまに、多大なるご支援、励ましをいただきました。わたしにとって、出版ははじめての経験であり、編集者のお力がなければ、この本を完成させることはできませんでした。この場を借りて深謝申し上げます。

チャールズ・D・ベスフォード

【著者略歴】

チャールズ・D・ベスフォード

ミリアルリゾートホテルズ代表取締役社長。

1957年3月5日神奈川県生まれ。英国籍。2009年株式会社ミリアルリゾートホテルズ代表取締役副社長を経て、2018年代表取締役社長に就任、現在に至る。20代より48年間ホテリエ一筋、10のホテルのオープンに関わり、「オープン屋」を自認する。代表を務める株式会社ミリアルリゾートホテルズは、ディズニー社のライセンスを受け、5つのディズニーホテルを経営・運営する。また、グループ会社の株式会社ブライトンコーポレーションでは4つのホテルを経営・運営している。

著作は今回がはじめて。

ホテルの力《ちから》　チームが輝《かがや》く魔法《まほう》の経営《けいえい》

2024年7月19日　第1刷発行

著　者　ミリアルリゾートホテルズ代表取締役社長《だいひょうとりしまりやくしゃちょう》

チャールズ・D《ディー》・ベスフォード

発行者　森田浩章

発行所　株式会社講談社

〒112-8001　東京都文京区音羽2-12-21

電話〔編集〕03-5395-3141

電話〔販売〕03-5395-3625

電話〔業務〕03-5395-3603

装丁　井上新八

本文デザイン　東海林かつこ（next door design）

取材　農村清人

撮影　牧田健太郎　講談社写真映像部

構成・文　株式会社バトンズ（古賀史健・水沢環）

カバー・表紙印刷　共同印刷株式会社

本文データ制作・本文印刷　株式会社KPSプロダクツ

製本所　大口製本印刷株式会社

N.D.C.689　250p　19cm　ISBN 978-4-06-536417-8